「オウム死刑囚父の手記」と国家権力

高橋徹

現代書館

「オウム死刑囚 父の手記」と国家権力 ＊目次

「オウム死刑囚　父の手記」と国家権力

序章

記者にとって取材ノートは命である。いつ、どこで、何を取材したのか。誰にインタビューしたのか、取材相手の姓名と読み仮名、生年月日を聞いて書き留めておくのは基本中の基本で、時にはどんな服を着ていたのか、空模様、気温、「じっとり暑い」「寒さで指先の感覚がなくなっていく」などの体感温度など、記事にしようと思ったこと、記事にならないかもしれないと思ったことまで次々と書き込んでいく。取材の感想を書き込むことも多い。記者になって一冊目の取材ノートから現在に至るまで、ノートに通し番号を振って保管してある。

取材ノートの二〇一八（平成三十）年十二月七日のページにはこんなメモ書きが残っている。

「死刑判決と執行の空白」

平成最後の師走だった。その日、私は日本海を左に眺めながら、能登半島のつけ根に位置する石川県かほく市へと車を走らせていた。金沢市の中心部から車で約一時間、真宗大谷派の浄専寺《じょうせんじ》住職、平野喜之《ひらのよしゆき》にインタビューするのが目的だった。

当時、北陸朝日放送では「ＨＡＢスーパーＪチャンネル」というニュース番組で、平成を検証するシリーズ企画を放送しようと取材をスタートさせていた。というのも平成は二〇一九年四月三十日をもって終わり、元号が改められることが決まっていた。平成を振り返り、時代を検証するのが目的だった。

「未解決となった女性スイミングコーチ殺人事件」「日本海に漁に出たまま行方不明になり、その後北朝鮮で生きていることが分かった寺越事件」などのラインナップが並ぶ中で、私が担当したのはオウム真理教事件だった。教団が救済の名のもとに多くの信徒を集め急拡大し、数々の凶悪事件を起こしていった軌跡は「平成」と重なる。「平成の事件は平成のうちに決着させたい」という政府の思惑だろうか、二〇一八（平成三十）年の七月、オウム死刑囚十三人の死刑が執行された。

その中の一人が井上嘉浩《いのうえよしひろ》だった。ホーリーネーム（教団内の宗教名）はアーナンダ。オウム真理教の諜報省《ちょうほうしょう》トップで、教祖の「側近中の側近」、「修行の天才」、「神通並びなきもの」といわれた教団幹部である。

平野は二〇〇七（平成十九）年に活動を始めた「「生きて罪を償う」井上嘉浩さんを死刑から守る会」の事務局長を務め、十年以上、嘉浩を支援してきた。平野には、今回の死刑執行はどのように映ったのだろうか。オウム事件はそれで終幕なのか、事件から得た教訓は何か、聞きたいことがたくさんあった。


浄専寺の本堂にカメラを設置し、袈裟の胸元にピンマイクを付けると、平野は静かに思いを語った。

「彼にしかできない真相解明とか、彼にしかできないオウム入信者に対して脱会を呼びかけるとか、そういう使命があったと思います。それを果たすことが償うということになったと思いますし、私たちの「守る会」のやっていたことは彼の罪の自覚を深めていくということに集中して支援してきました。罪の自覚を深めることによって本当の心からの被害者への謝罪ができると思います」

「守る会」の意義をこう語った。そして平野は「それにしても」と言葉を継いだ。

「死刑判決が言い渡されたとき、そして死刑が執行されたとき、新聞もテレビも大きく扱いますが、判決と執行の間のことはほとんど報道しようとしませんね」

死刑囚はどんな思いで執行を待つ日々を過ごしているのか考えたことがありますか？

そんな問いかけだった。それは事件が発生したときは火が点いたように大量報道に奔走し、熱が冷めると何事もなかったようになってしまう報道姿勢への苦言でもある。

一瞬、答えに窮し、深呼吸して取材ノートに書きこんだのが「死刑判決と執行の空白」という十文字だった。

死刑囚は独房でどんな時間を送っているのか。一日が過ぎるということは歩一歩《ほいっぽ》と死刑に近づくことなのだが、どんな思いで朝を迎えるのだろうか。判決に対して言いたいことはないのか。事件についてまだ語っていないことはあるのだろうか。死刑囚の人権は保障されているのだろうか。

湧きあがる疑問とともに、記者としての視点の不足を実感した。そんな思いで、私の〝空白を埋める取材〟が始まった。〝空白〟に迫る手掛かりは平野が嘉浩から受け取った一八八通の手紙だった。一八八通を検証し死刑囚の思いに迫ろうと制作したのが一時間のドキュメンタリー番組「オウム死刑囚　188通の手紙」（二〇一九年四月、北陸朝日放送で放送）である。

三人の上映会

ＤＶＤプレーヤーが音もなく丸い皿を吸い込んでいく。番組放送三カ月後の二〇一九（令和元）年七月。場所は京都市の京極寺《きょうごくじ》。番組を見つめる三人の姿。リモコンの三角の印がついた再生ボタンを押すと、画面に平野の姿が現れた。

《「オウム死刑囚　188通の手紙」より》

平野「七月三日と言ったら上川法務大臣がハンコを押した日ですわ。これが最後です。たまたま開けたらみつかった。これが一番最後です」

――袈裟を着た平野が段ボール箱に入った手紙の束から偶然手に取ったのが嘉浩から届いた最後の一通だった。出来すぎた偶然を驚く声に続き、ナレーションが入る。

《石川県かほく市の浄専寺、平野喜之住職。ある死刑囚と十年来、交流を続けてきました》

平野「これが届いたのが七月四日か五日で、次の日に執行されたんです」

記者（私）「本人は（執行されることは）分かっていない？」

平野「全く分かっていないですね」

――番組は唐突に臨時記者会見のシーンに切り替わった。激しいフラッシュ音の中、紺のスーツを着た法務大臣（当時）の上川陽子が話し始めた。

上川「七名の死刑を執行しました。麻原彰晃こと松本智津夫、早川紀代秀、井上嘉浩……」

――続いて嘉浩が、平野に宛て書き続けた手紙が紹介される。

嘉浩の手紙　「突き詰めますと、麻原を信じたことそのものが罪のはじまりであり、全ての罪の責任は私にあります」

――番組は一連の事件を振り返りながら、嘉浩の手紙を縦軸に、平野の活動を横軸にして展開していく。

嘉浩の手紙　「人にとって救いとは一体何なのでしょうか？　その答えがあるとうぬぼれたことが私がオウムに入り大罪を犯しました原因の一つであると今私は考えています。平野さんにご迷惑でなければ、宗教に限らず様々なことを語り合えればと願っています」

嘉浩の手紙　「麻原は仏教やヨーガの心を変容させていく技術や薬物まで悪用して、徹底的に信者の社会規範や善悪の根本となる個としての人格を破壊していき、代わりに麻原の手足として動く人格を刷り込んでいきました。これが麻原が構築したマインドコントロールです」

――二〇〇九（平成二十一）年十二月十日、最高裁は上告を棄却し、嘉浩の死刑判決が確定した。

嘉浩の手紙　「弁護団から私に判決の電報が届きましたのは午後七時すぎです。すーっと恐れや不安が一時消えていくようで、時がピタリと止まったような不思議な瞬間でした。

翌日、午前中に両親が面会に来て下さいました。両親がぐったりとしつつ、それでも気丈にふるまう姿を見て、涙をこらえるのが精一杯でした。父母が、自分たちが悪かったと、なんの責任もないのに、自分たちをせめる姿を見て本当に申し訳ないと、ただただ申し訳ないと、言葉がありませんでした」

――嘉浩はこの判決から八年と七カ月を東京と大阪の拘置所で生きた。

嘉浩の手紙「日々、まだ執行されないだろうと思いつつ、いや、わからんぞと、夜明けが恐ろしくもあり、そういうことにとらわれること自体、被害者の方々に申し訳ないと思いつつ、このままでは死にきれない心も消えません。このようなもだえも罪の報いの一つとして静かに見つめている自分もおります」

――二〇一八（平成三十）年七月六日、麻原彰晃こと松本智津夫に死刑が執行されたその日、嘉浩の刑も執行された。井上嘉浩　享年四十八。

平野「彼にしかできない真相解明とか、彼にしかできないオウム入信者に対して脱会を呼びかけるとか、そういう彼には使命があったと思うけれども、それを果たすことが償うということだった」

――平野のコメントを紹介し、番組は終わる。

（「オウム死刑囚　188通の手紙」より）

スタッフロールが流れ番組は終わった。一言も発することなく画面を見つめた三人。そのうちの一人は番組にも登場した平野だ。浄専寺の住職だが、京都市内にある京極寺の管理も任されている。もう一人はこの番組を制作した私。そしてもう一人が、井上嘉浩の父である。父が番組を見たいと希望したことから、平野が取り持つ形で、この〝上映会〟が実現した。

父は、京都の粘りつくような暑さにもかかわらず、ネクタイを締め、スーツを着て、テレビの前に座っていた。私が嘉浩の父に会ったのはこの日が初めてだった。

番組はオウム事件の被害者遺族の感情を傷つけるものであってはいけない、同時に嘉浩の家族や関係者を傷つけるものであってはいけない。

しかし、番組では嘉浩の生い立ちや井上家の家庭内のいざこざなど、おそらく触れられたくないであろうところまで描いている。嘉浩の生い立ち、麻原に心酔し宗教に傾倒していく姿、地下鉄にサリンがまかれ騒然とする築地駅周辺、嘉浩が逮捕されパトカーで護送される姿、そして死刑執行。父にとっては目を覆いたくなるシーンの連続で、辛く悲しい歴史が凝縮されている。父は番組をどう見るのだろうか、胃が痛くなるような、ひりひりした一時間だった。

「ありがとうございます。嘉浩が死んだ後もこうやって取り上げていただき、感謝しかありません。嘉浩の思いを発信していただきありがとうございます」

番組を見終わった父は、何度も頭を下げた。私はほっとした。

井上家に、嘉浩がまだ幼いころの写真が残っている。自宅の前で、ブルーの短パン、アニメのキャラクターがプリントされた白いポロシャツを着て、上下に動かすことができる透明なシールドが付いた戦隊もののヘルメットをかぶって、無邪気に笑っていた。

「もし神が許してくれるなら、どんなことをしてでも、あのころに戻りたいと思います」

父はそう話した。

「麻原の側近中の側近」、「諜報省のトップ」、「修行の天才」といわれた世間一般のイメージと、戦隊もののヘルメットをかぶる嘉浩のギャップを埋めることが出来ないでいる父がいる。「ありがとうございます」という言葉の裏にあるのは、真実の嘉浩を知ってほしいという思いの表れにちがいない。

父にどうしても聞きたいことがあった。心の傷をえぐるような質問かもしれない。思い出したくないことを思い出させてしまうかもしれない。しかし、私は聞かないわけにはいかなかった。

「死刑が執行されたときのお気持ちを聞かせていただけませんか」

私は思い切って口を切った。

「嘉浩は東京高裁で再審中でした。それも、一回目の再審請求でした」

父は何かを思い出すように目をつむると、

「一審は無期懲役でした。法務省はなぜ死刑を執行したのですか？　再審請求の結果も出ていなかったのに……」

父はいかにも無念とばかりにじっと天井を見上げた。

事実、高裁では再審請求に関する進行協議が始まり、二回目の進行協議が七月三日に開かれたばかりで、次回の進行協議の日取りが八月六日と決まっていた。

私は一瞬はっと息を飲み込んだ。しばらくして、父がぽつんと言った。

「私は遠くない時期に彼岸へまいります。仮に嘉浩が無期懲役となった後、両親や平野さんのような支援者がいなくなり、独房で生涯を過ごすことを考えると、死刑もまた……」

父は自らの死後の、嘉浩への思いを吐露した。まさに肉親だからこその思いだった。

「嘉浩君はまだこの世に生きているように思えますね」と番組の感想を話す平野の言葉に、父は「ありがとうございます。番組を拝見して、私も同じように思いました」と言葉を詰まらせた。

「嘉浩と一緒に読みたかった」

番組は思わぬ方向へと発展していった。二〇一九（令和元）年の秋も終わろうかというころだった。平野のもとに一通の手紙と共に父が書いた手記が届いた。地下鉄サリン事件が起きた一九九五（平成七）年から、死刑が執行されるまで二十四年間に亘り書き続けた手記である。

手記には「願望　もう遅すぎたかもしれない」というタイトルが付けられていた。四百字詰め原稿用紙で千枚近くになる。

手紙には平野への感謝の言葉に加えて、次のような父親の思いが託されていた。

「一つだけ、平野様に申し上げてお願い致したきことがございます。本日、お手元にお送りした『願望　もう遅すぎたかもしれない』と銘打った私の手記をお読み頂き、平野様には嘉浩への思いを共有して頂きたいとの思いにあります。

顧みますればもう二十数年前のことになります。地下鉄サリン事件が起こり、それに輪をかけたようにオウム教団の様々な悪事がこの世に明らかになって参りました。そして、あまりにもショックなことは、事件の加害者の中に嘉浩の名前があったことでした。

オウム教団が起こした凶悪な事件の加害者に対する世間の目は、当然の事ながら筆舌に尽くしがたいものです。ましてや教祖のコピーと揶揄《やゆ》された嘉浩に対する憎しみは想像を絶するものでした。あらゆる誹謗《ひぼう》中傷は当然のことながら、嘉浩に関してあることないことがマスコミの紙上を闊歩《かっぽ》して参りました。それでも加害者の家族に許されるのは、只々《ただただ》、じっと耐え続けることでした。

当然のことです。教団が起こした数々の事件でお亡くなりになられた方々、そしてご遺族の方々のお気持ちを思うと、加害者はもとよりその家族が生きていることさえ耐えられないことであろうと考えていたからです。そんな中で、私は父親として嘉浩に何をして上げられるかを考え抜いて参りました。嘉浩がなした罪は疑いもなく父親である私の罪でもあります。私は嘉浩が物心ついてから、何一つ父親らしいことをして上げられなかったことを深く反省し、可能な限り嘉浩に寄り添って生きていくことを決意致しました。

その為、獄中にいる嘉浩と生活を共にすることは出来ませんが、可能な限り嘉浩との接見を続け、手紙の交換により父としての思いを伝え、嘉浩に寄り添って生きることを決心いたしました。

本日、お手元にお送り申し上げた手記は、いつの日か嘉浩に読んでもらうべく、嘉浩が逮捕されてからの獄中の生活、そして数々の公判に出廷を余儀なくされていた嘉浩の偽りのない姿を書き綴って参りましたものです。

ここに嘉浩に代わって、この十数年、会報の発刊に力を注ぎ、嘉浩と心を同じくしていただいた平野様に捧げたくお手元にお届け申し上げます」

平野に託された手記を、私も読ませてもらった。

息子が重大事件の加害者と知ったとき、父はこれほどまでに自らを責めるものなのか。

「私のこれまでの生き方が嘉浩の姿である」

「父が思慮深かったなら君がオウムに行くこともなかった」

「裁かれるのは息子ではなく私である」

痛いほどの親心が伝わってくる。

「息子と一緒に読みたい」という言葉の底から、「許してほしい」という贖罪《しょくざい》の叫びが聞こえてくる。

私は加害者・嘉浩の心中に迫り、オウム事件をもう一度見直そうと「オウム死刑囚188通の手紙」を制作した。しかし手記からは、これまでと違った景色が見えてくる。オウム事件に限ったことではないが、事件というものは被害者か加害者かの二項対立ではない。

そもそも、加害者の父は加害者なのだろうか。言いたいことを呑み込んで生きていかなければならないのだろうか。そんな疑問もわいてくる。

しかし、二〇一八（平成三十）年七月六日、嘉浩に死刑が執行され、父が許してほしいと願い続けた相手は失われた。

〈手記「願望」より〉

《午前九時前、私は無意識の中にテレビのスイッチを押して画面に目を向けた。確かNHKだったと思う。画面を目にして、私は一瞬、棒立ちとなった。画面に映し出される映像の中に、かつての教祖の姿が映しだされるや否や、かつての法友の姿に続いて教団にいた頃の丸刈りの嘉浩の姿があった。

どのくらいこうした状態が続いたであろうか？　自宅の電話が鳴った。

電話は大阪拘置所からであった。

「今日の朝、刑が執行されました」

事務的な係官の言葉が私の耳に届いた。

「わかっています。今、テレビで知りました」

と、私は応えた》

私は何としても、手記を番組にしたいと思った。平野も番組化を了解してくれた。

「なぜお父さんが手記を書かれたかを考えた時に、そこには被害者に対する詫びたいという気持ち、息子に対する詫びたいという気持ち、こういうものを伝えたいというそういう気持ちがあったと思います。その気持ちを酌んで、嘉浩君はいないですけれども、やはりその手記が公開されることによって、被害者に対して詫びたいという父親の気持ちが伝わるのではないかと思いまして、公開することにしました」

父も番組化に同意したことから、「オウム死刑囚　188通の手紙」の続編、「贖罪～オウム死刑囚　父の手記～」の制作が始まった。

平野は「嘉浩に死刑が執行されたことで、手記を公開しても、情状酌量や減刑を得るためではないことは分かってもらえると考えた」とも述べている。

番組は二〇二〇（令和二）年三月にテレビ朝日系列のドキュメンタリー番組「テレメンタリー2020」で放送し、その後リメイクした五十五分番組はHAB報道特別番組として同年五月に放送した。

今回、番組を制作する過程で取材したことと、放送で一部しか伝えられなかった手記を盛り込み、出版することを決めた。外部との接触を厳しく制限され、ひたすら執行を待つ死刑囚。法の壁に取り囲まれ密室に閉じ込められた姿が見えてくる。死刑囚の処遇も、死刑がどのように執行されるのかも、本来我々は目を背けてはいけないことである。そんな思いを強くしている。

視聴者から出版を望む声があったことも後押しとなった。
息子を「罪人」と書かざるを得なかった父の贖罪は今も続いている。

第1章　生い立ち

心安らぐ場所を求めて

《私には嘉浩の子供の頃のことを書くなどの資格はないと考えていた。自分のこれまでの生き方が今の嘉浩の姿であると思っていた。私は父親としても完全に失格だった。嘉浩の子供の頃を書くということは、まず初めに自分たち親のことを書くことにつながる。恥も外聞もすべてをすてて、すべての出来事を赤裸々にありのままに書くことが果たして出来るであろうか。そのことも私には問題だった。しかし、そのことは避けては通れないことであるのも事実だ。とりわけ嘉浩がどうしてオウムに引かれていったかを明らかにするためにはそのことをはっきりしなければ意味がないからだ。この世のすべての結果にはそれにふさわしい原因がある。いや、その原因があったからこそ、その結

果があるのではないだろうか。そうした意味から、今ある嘉浩の姿は、私たち両親にすべての責任があるといっても過言ではない》

（手記「願望」より）

嘉浩は一九六九（昭和四十四）年、京都市で生まれた。一九六九年といえばアポロ11号が月面着陸を果たし、太古の昔からためつすがめつした天体に人類が初めて足跡を記した年である。その翌年には「人類の進歩と調和」をテーマに日本万国博覧会（大阪万博）が開催された。日本は一九五五（昭和三十）年から十九年間続いた高度成長期の真っただ中だった。

父は会社に勤めていて、月のうち半分以上海外に出ていることもあった。日本にいても帰りは遅く、日曜日といっても子供のことに気をとめることはほとんどなかった。しかし「父親とはそういうものだ」と考えていた。「私には嘉浩の子供の頃の記憶は家内の三分の一程度しかない」と述懐している。

一方、嘉浩はそんな父をどう見ていたのだろうか。それを知る手がかりが、嘉浩が獄中で書き続けた手記にある。

「たまに日曜日に一緒に食事をすると、突然大声を上げ卓袱台《ちゃぶだい》をひっくり返しました。母は金切り声を上げて、父とケンカし、二階の部屋へ引っ込みました。父は一階の応接間にこもりました。誰も掃除せず、いつも私が片付け、無性に悲しく一人で泣きました」

嘉浩の手記にある「ケンカ」。原因は井上家が抱え込んだ債務だった。父には弟がいて、嘉浩の叔父にあたるのだが、長崎から京都へ出てきて土産物の卸をしていた。しかしその事業が行き詰まり、保証人となっていた父は債務を引き受けることになったのである。返済のために手をつけたのが、嘉浩の母が「子供の教育費に充てよう」と貯めてきたへそくりだった。その父の行動が夫婦の間に埋めがたい溝を作ることになった。

母はことあるごとに「嘉浩のために蓄えてきたお金だったのに」といい、父は「兄が弟をかばうのは当たり前の事だ」と母を怒鳴りつける。「地獄そのものだった」と父は手記に書いている。夫婦げんかで散らばった食器などを、嘉浩は黙って片づけた。傷ついた家具を修理するのも嘉浩だった。

十歳を回ったばかりの少年にとって、家庭は心安らぐ場所ではなかったことは嘉浩のその後の人生に少なからぬ影響を与えた。タバコも酒もギャンブルもせず真面目な父親であったが、家でもくつろげないその姿を見ていると「父のような生き方をしても幸福はない」と思うようになった。そんな胸の内を父は嘉浩が逮捕され、取り調べを受ける過程で知ることになるのである。

嘉浩が救いを求め傾倒していったのが宗教だった。中学二年のころだった。嘉浩は古書店をめぐり、神通術奥儀伝（小野清秀著）、修証義入門（上田祖峯著）、禅の生涯（澤木興道著）など禅、仙道、密教の本を買い集めた。その本は今も嘉浩の部屋の本棚に並んでいる。

嘉浩は、早くから目標にしていた私立洛南高校に進学した。洛南高校といえば、多い年には東京大学、京都大学あわせて数十人もの合格者を出す京都でもトップクラスの進学校である。嘉浩はほとんど塾に通うこともなく合格を果たした。

理数科が得意で、担任の教師からは「このままいけば、大阪大学など難関校への進学も可能でしょう」といわれ、母はうれしくて仕様がなかった。母は持病を抱えていて体調がすぐれないことが多かった。そんな母に代わって、嘉浩は買い物から夕食の準備までする「素直で、まじめで、非の打ち所のない」自慢の息子だった。

自慢の息子に、運命を変える出来事があったのは高校二年のことだった。一九八六（昭和六十一）年八月、嘉浩は麻原彰晃こと松本智津夫に出会った。

父の理想像、母の理想像

嘉浩は麻原の印象をこう書いている。

「私が出会った頃の麻原は質素で飾り気がなく、言っていることと行いが同じで、本気で他者のために尽くそうとしていると感じました。それは父の理想像でもありました。さらに何でも受け止めてくれるような包容感がありました。それは母の理想像でもありました。高校二年生の冬に参加したセミナーで、麻原は信徒に「気」を注ぐ儀式のやりすぎで高熱を出して倒れました。そして説法で「自分が土壇場に追い込まれた時、他者のことを考えるのが慈悲だ」と、フラフラになりながら語りました。私は麻原が自分を犠牲にしていると信じ心から感動しました」

嘉浩は、オウム真理教の前身で「オウム神仙の会」と称していた団体のセミナーで教えを説く麻原に、父母の理想像を見た。心の安らぎを求め宗教に傾倒していった少年が信仰へとのめり込んでいくのは必然ともいえる。悲劇はここから始まった。

家での修行も本格化していった。二階にある三畳ほどの部屋の窓に墨を塗った紙を貼り、真っ暗な中で瞑想にふける。学校から戻ると三時間も四時間も暗闇に閉じこもる。部屋から出てきたと思うと、小遣いを手に古書店を回り仏教書を買う。そんな日々だった。

もう一つ大きく変わったのが食事である。一日三食から二食へ、やがては一食となった。学校へは豆乳だけを持参し昼食にしていた。もともとやせ気味の身体だったが、みるみる体重を減らしていった。決まった時間に起き、学校に行き、帰宅後は、修行に没頭する日々が続いた。

《そのうち、深夜になると、二階の嘉浩の部屋からどすんどすんという音を聞くようになった。家内にどうしたのだと尋ねると、嘉浩が宙に浮いているのだという。

「宙に浮いているって?」

「空中浮揚といって、悟りの一種ですって――」

妻がたんたんとしていった。

私には妻のいう意味がよくわからなかった。宙に浮くといっても、じっと静止しているわけでもなかろうと、私には何の神秘性も感じられなかった》

（手記「願望」より）

嘉浩の修行はすさまじいものになっていた。早朝から近くの桂川に行き、何時間も瞑想をする。日曜日になると裏庭にござを敷き、五時間以上も休むことなく、立位礼拝の行を行う。そして「身体を浄化する」といって何リットルもの塩水を飲んでは吐くことを繰り返す日々だった。


「席が一つほど離れて後ろだったのですが、ガタガタ、ガタガタという音が後ろでするんです。何かと思って見てみると井上が座禅を組んで、飛び上がろうとしているようでした」

教室の嘉浩の様子をこう話すのは洛南高校の同級生だ。名前を出さないことを条件に取材に応じてくれた。

持参した卒業アルバムに、クラス全員が思い思いにイラストを描いたページがある。嘉浩は、自分の写真の顔だけを切り抜き、その顔の下に黒っぽいオウム服を着て、蓮華座《れんげざ》を組むイラストを描いた。そして「I can fly　井上、空中を飛ぶ」という文字が書き添えられていた。嘉浩は空中浮揚する自分の姿を描いていたのである。

「もちろん、変わったことをしているというのは皆思っていたんですが、クラスでは特別浮いているということもなくて、どこにでもいるちょっと変わった友人という感じの印象でしたね。でも基本的にはまじめでした。声を荒げることもないし」

同級生は後年、一連の事件にオウムが関わっていることを報道で知った。

「一番に思ったのは、井上は関わっていてほしくないということかな。でもやっぱりずっと不安はありました。地下鉄サリン事件の第一報の時に、『もしかしたら』というのはありましたし、その予感は当たっていました」

その後、同級生は法務大臣に提出する「井上嘉浩死刑囚の死刑執行の回避を求める要請書」の署名集めに関わってきた。しかし、二〇一八（平成三十）年七月六日の朝、死刑は執行された。

「まず麻原さんの死刑が執行されたという報道でしたから、なんとかそれだけで終わってほしいと、食い入るようにテレビを見ていました。しかし……。非常に私もショックを受けました。何をやってもかなわないのだと、徒労感しか残りませんでした」

高校三年生になった嘉浩は、大学へは進まずオウムに出家すると言い出した。母は他人に迷惑が掛からないなら、本人の希望をかなえてやりたいと言うが、父はあくまで大学へ進学することを望んでいた。

夏休みだった。麻原が大阪に来ていることを知り、夫婦で会いに行った。嘉浩の大学進学についての相談である。とはいうものの実際は〝相談〟などという穏やかなものではない。嘉浩が父のように慕っている麻原と、血のつながった父の〝直接対決〟だった。

嘉浩は夏休みを利用して、「オウム神仙の会」から「オウム真理教」に改称したばかりの教団の道場へと通っていた。

大阪府淀川区にある3LDKのマンションの一室だった。丸刈りの青年、それが初対面の麻原だった。父は柔道家のようだという印象を持ったことを憶えている。渡された名刺には、「株式会社オウム　代表取締役」の肩書が記してあった。

あいさつもそこそこに、父は言った。

「嘉浩に出家を勧めることはしないで欲しい。息子は大学へ進学させます」

麻原は体を乗り出し、顔をこわばらせながら言い返した。

「大学へ行かせるというのは父親のエゴでしょう。息子さんには息子さんの生き方があるのだから」

「息子はまだ十七歳です。大学の四年間、世間を学ばせたいと思っています。大学に行くことが、嘉浩の将来にとって、決してマイナスにはならない」

麻原は言葉の端々に口をはさんだ。

「井上君本人がオウムに来たがっているのだ」

激しい口論になった。一向に理解を示さない麻原に父は激怒した。

「そこまで言われるのなら、この場で息子を勘当します」

すると麻原は、側にいたI女史に言った。

「井上君をここへ呼んできなさい」

気まずそうな表情で現れた嘉浩に麻原は告げた。

「井上君は大学に行きなさい、しばらく修行もやめなさい。修行は大学に行ってからでいいから——」

激しい押し問答が嘘のような静かな口調だった。

この日を境に、嘉浩は大学に行くことを納得した。父はひとまず安心はしたものの、すべては麻原の意を受けての大学進学だったことに無力さも感じていた。

一九八八（昭和六十三）年、嘉浩は東京の私立大学へ進んだ。嘉浩は麻原から、東京の大学であること、法学部を選択すること、当時本部道場があった世田谷の近くにすることを条件としていわれていた。オウムの在家信徒として東京の道場に寝泊まりし、昼は大学へ行くという生活だった。そんな学生生活は長続きせず、一学期で大学を辞めた。九月からは出家信徒として修行に励むことになったのである。

「自分の汚れを感じる」

出家し、ほとんど家に帰ることはなかった嘉浩の部屋に高校時代の日記が残っていた。

記されていたのは「自分の汚れを感じる」という、己の存在を否定するような深い苦悩だった。

一九八七年七月二十六日
動く度に自分の汚れを感じる。話す度に、自分の汚れを感じる。
思う度に自分の汚れを感じる。
それを自分と云ってよいのだろうか。
その中から絶え間なく流れ続ける、欲望、性欲、楽を望む私。
私は一体、何だろうか――。
思う毎に覚える私は、実は何も理解していないと。

七月二十七日
すべてがわからん。急に涙が出てくる。
五感の喜びが苦しみに変わる。
生きること、死ぬこと、

絶え間なく、回り続けるこの欲望の世界に何の喜びがあろうか。
私の恐怖感、ああ、苦しみがつきまとう。

八月二十二日

私は自己の利益によって、この事象や現象を判断するが故に、
正確な見方をできなかった。
しかしだ！　自己の利益は私を苦しめる。
不幸にするということを、身をもって、今日、納得できた。
オウム・アー、ブーム、アサハラマヘシャバトマシッテイ・フーム
一切、グルに帰依します。

ああ、苦しみの因となるものは、私の内側にあった。
それは欲望という名の幻影だった。
人は、自己の満足を幸福にしてくれると思っている。
それ故、一時的な満足を持ち続け、苦しみの中へ落ちて行く。

人の喜びは、本当の楽は、外的、内的な欲求を満たすのではなく、
本当の自分を知ること。

八月二十九日

期待する行為、思い、言葉は苦の原因である。
私はよく思われたい。
私はこうでなければならない。
このように形あるものは苦である。
賞賛、あざけり、どうってことはない。
この世は無常であるから、常に自分を見つめよう。

八月三十一日

世の中の一切が苦しみであった。絶望しきっていた。
快楽も苦、喜びも苦、苦も苦、一切が苦であった。
病も死も、行為も話も、思いも、すべてが苦しみをごまかすように思える。

本当に苦だ。一切の魂が病んでいる。
私自身さえ苦、一切、みな苦、すべてが絶望の中に落ちて行く。
苦をごまかすことが、もっとも苦であることを感じる。

（嘉浩の高校時代の日記より）

父が初めて知った嘉浩の苦悩だった。思えば授業参観にも一度も行ったことはなかった。「子供は父親が構わなくても育って行くものだ。だから嘉浩の心の中で起きている出来事を全く知らなかった。知ろうとさえしなかった」。そう振り返る。

第2章　そして事件は起こされた

課報省トップの〝I〟

《雑音が近づいて来る。そして、人影。

「すみません、お母さん今、どんなお気持ちですか?　息子さんに逮捕状が出たんです!!」

玄関の外で情け容赦のない女性アナウンサーの声が響いた。アナウンサーはTテレビ局から派遣された者だった。私はじっと耳をすましました。何とも答えようがなかった。こちらが何も答えないのをいいことに女性アナウンサーはさらに声をあらげた。

「ちょっとだけでいいのですが、答えてくれませんか?」

たまらず、家内が声を出した。

「帰って下さい。何も申し上げることはございません」

「お母さま！　そこを何とか」

女性アナウンサーの立場も分からないではなかった。容疑をかけられ逮捕状の出た者の家族の意見を求めることは、これまでの報道でも何度もあったし、既に関係者のコメントは繰り返し繰り返し報道されていた。

課報省の大臣と目されるI氏というのが嘉浩のことを指していることは明らかだった》

（手記「願望」より）


「救済」の名のもとに次々と事件は起こされた。坂本弁護士一家殺害事件、松本サリン事件、地下鉄サリン事件はオウム三大事件とも呼ばれる。とりわけ、日本中を震撼させたのは一九九五（平成七）年三月二十日の地下鉄サリン事件だった。営業運転中の地下鉄車両内で神経ガスのサリンが散布され、乗客や駅員十三人が死亡、およそ六千三百人が負傷した。

山梨県上九一色村《かみくいしきむら》（現・富士河口湖町）のサティアンと呼ばれる教団施設に一斉捜索が入ったのは、地下鉄サリン事件二日後の三月二十二日だった。有毒ガスを感知するためカナリアの入ったカゴを手に、歩みを進める機動隊員、迷彩服を着こみ防護マスクを着用した機動隊員。夜明けとともに二千五百人が、富士のすそ野に点在する教団施設に踏み込んだ。当時、サティアンには千人の信者がいた。

これに対し、麻原は報道各社に手書きのメッセージを送った。

「私たちは拉致事件や毒ガスの製造をするような教団ではありません。世界のマスコミへメッセージを出した通り、平和と自由を愛しています。従って、これから教団に起きるすべての現象はでっち上げなのです。潔白は潔白、真実は真実」

このメッセージが出されて以降、麻原や井上は行方をくらまし、捜査機関もマスコミも一カ月以上、その足跡を追うことになる。

一連の事件とオウム真理教との関わりが明らかになるにつれ、井上家には連日マスコミが待ち構えるようになった。報じられる「諜報省トップの〝I〟」。息をひそめるような日々が始まった。

《マスコミによる自宅への取材攻勢は日を追って激しくなっていた。初めてマスコミの取材があったのは今から一週間程前、何でも嘉浩が武闘派に属しているからとの取材だった。応対したのは家内だが、武闘派という言葉すら、何を意味するかわからない家内に答えるすべなどないのが当然だった。

ＴＢＳ、テレビ朝日など各社が入れ替わり立ち替わり家の周りをうろついていた。私は、昼間、会社にいるので、取材班のえじきになるのは決まって家内だった。質問はいつも決まっていた。何か新しい事実が報道される度に、その取材攻勢はエスカレートしていった。

「息子さんの子供の頃のことについて教えて下さい」

「今、ご家族の方はどんなお気持ちですか？」

質問はいつも判を押したようにどの社も同じだった》

（手記「願望」より）

玄関口にマイクを突きつけ内からの声を録音しては、何度も何度もテレビで流していた。テレビ局のカメラクルーが夜遅くまで照明をたき、二階を照らすこともあった。

容疑者を家族の中に持った途端、世間の荒波は容赦なく襲って来る。「容疑者の家族は、その烙印を押されたその日から、一切のプライバシーも、肖像権もなくなる」。父はそんな絶望感に苛《さいな》まれていた。

一九九五（平成七）年四月十八日、警視庁公安部は公正証書原本不実記載の容疑で嘉浩の逮捕状を取った。教団関連会社を設立する際、登記簿の住所などに虚偽の記載をした疑いだ。嘉浩が社長を務めるこの会社は、食品加工・販売と記載されていたが、教団が土地を取得する際のダミー会社として使われたと捜査当局はみていた。

「諜報省」という名前が当たり前のように世間に知られるようになったのはこの頃だった。オウム教団は省庁制をとっていて、外務省、法務省、治療省などがおかれた。ひときわ謎めいているのが諜報省で、教団内では「ＣＨＳ」と呼ばれた。「Ｃｈｏｕ　Ｈｏｕ　Ｓｈｏｕ」の頭文字をとったといわれている。「諜報」とは極秘に機密情報を収集するスパイ活動のことだが、「ＣＨＳ」は非合法活動のための情報収集や脱会者を連れ戻すのが主な任務だった。

家族は何も知らなかった。ハルマゲドン（最終戦争）も、イニシエーション（霊的なエネルギーを注入する修行）も、ヴァジラヤーナ（教団が殺人を正当化するために用いた教義）も。嘉浩の記憶は十八歳で止まっている。上九一色村がどこにあるのかも知らなかったし、ましてあのような大量の薬品類が保管されているなどとは想像すら出来ないことだった。息子についての情報が入ってくるのは新聞やテレビ、週刊誌などの報道だけだった。

提供した手帳の写真

警視庁から連絡があったのはそんなある日のことだった。特別指名手配の写真用に最近の嘉浩の写真はないかとの問い合わせだった。新聞、週刊誌、テレビで報道される嘉浩は、父にすれば、どれも本人を表わしているように見えなかった。本人とは思えない写真が街中に貼られるのは忍びなかった。

父は、嘉浩が出家する際に家に置いていった写真を送った。出家して六年、ずっと手帳にしまっておいたものだった。

「もう嘉浩は永遠に届かないところに行ってしまった」

息子の手配写真を捜査機関に渡すという皮肉な運命に、父は、悲しいというより、どうしてこんなことになったのだろうかとの思いだったという。

特別指名手配は、正式には「警察庁指定被疑者特別指名手配」という。「治安に重大な影響を及ぼし、または社会的に著しく危険性の強い凶悪または重要な犯罪の指名手配被疑者であって、その早期逮捕のため、特に全国的地域にわたって強力な組織的捜査を行う必要があると認められる者」に対して行われる。嘉浩は目黒公証人役場事務長逮捕監禁事件の首謀者として特別指名手配された。

街中に父が捜査担当者に送った嘉浩の手配写真が貼られていった。

そのころの新聞のテレビ欄を読み返してみると、冷静さを失ったようなマスコミ報道の一端が見えてくる。朝、昼のワイドショー、夕方のニュース、そしてゴールデンタイムにも連日のようにオウム特別番組が編成された。ある日の新聞のテレビ欄である。

▽衝撃！教団行動隊の最高幹部に逮捕状▽Xデー間近、GW目前捜査状況▽J氏発言を検証▽ヘッドギア大解剖▽絶体絶命の教祖はどうでるか……。

ゴールデンウイークが明けて程ないころ、警視庁が地下鉄サリン事件の現場を指揮したのが嘉浩だと断定したという記事が新聞に掲載された。

背負って生きなければならない十字架

《平成七年五月十二日の夕刊に、あの忌まわしい地下鉄サリン事件の現場を指揮したのが、こともあろうに私の息子だと、警視庁が断定したとの記事が掲載されたのである。私はまるで夢の中にいるような感じだった。足がふらふらとして立っているのがやっとだった。人生で決してあってはいけないことが、私の目の前に事実として存在していた。

この日を期して、私はすべての過去と決別する必要性に追いつめられた。化学の知識に乏しい嘉浩が、サリン事件に関係する事など、全くあり得ないと思っていた私にとってこの事実は余りにも酷いものだった。もう何もかも終わったと私は思った。これまでの私の人生は一体何だったんだろう。殺人者の父、これがこれから私が背負って生きな

ければならない十字架となって目の前に横たわっていた》

（手記「願望」より）

地下鉄サリン事件から一カ月が経っても嘉浩は行方をくらましたままだった。

井上家は周りからの視線にさらされ、生活も大きな変化を余儀なくされていた。嘉浩は中学生のころから柴犬の太郎を弟のようにかわいがってきたが、太郎までもが揶揄の対象として特別の視線を向けられるようになっていた。

嘉浩がまだ高校生の頃だった。学校から戻るといつも太郎を散歩につれて行っていた。近所の人が「ぼん！　えらいな！」というと、嘉浩は自分が散歩させないと太郎がどこかにやられてしまうから——と答えていた。

それが、あの事件を境に井上家の太郎は「オウムの太郎」と呼ばれるようになった。井上家も「オウムの家」である。何も知らない小学生達が「オウムの家、オウムの家」と指差しながら通っていった。

友人、知人の行動にも何通りかのパターンがあったと父はいう。強制捜査が始まるや、いの一番に駆けつけ、嘉浩のことを気づかってくれるもの、心配して電話連絡をしてくるもの、そして心配の余り、おろおろして電話さえ出来ないもの——。「毎日が針のむしろだった」と、声なき声にまでおびえる日々が続いたと振り返る。

加害者家族の苦悩

家族の一人が事件に関与していたと分かったその時から、加害者家族の苦悩が始まる。事件の衝撃が大きければ大きいほど、加害者家族が受ける衝撃も大きい。

被害者家族に申し訳ないという「罪悪感」。どう償えばいいのかという「贖罪の念」。取り返しのつかないことになったという、やり場のない「後悔」。

手記から父の苦悩が浮かび上がる。

「何ひとつ法に触れることなしに真面目に生きていた人達、そしてその家族の方々を不幸のどん底に追いやっていった」

「いつも脳裏に浮かぶのはやはりご遺族や被害者の方々だった。それまでこつこつと刻んできた人生の針を、何の予告もないままに、一瞬にして止められてしまった被害者の方々のお気持ちを考える時、私は加害者の父親として一体どうすればいいのだろう」。

加害者家族が抱く「恐怖感」。原因の一つがメディアスクラムと呼ばれるマスコミの集団的過熱取材である。メディアの記者が多数押しかけ、当事者や家族・友人などの関係者、近隣住民などに対して強引な取材をすることをいうのだが、マスコミは指名手配、逮捕、起訴、公判と局面局面で執拗にコメントを求める。加害者家族は、マスコミを無視すれば世間に悪い印象を持たれるのではないか、あるいは謝罪しなければ強い非難を浴びるのではないかと葛藤する。

その一方で、家の近くにたむろする報道陣は近所の迷惑になっているのではないか、勤め先にまで取材が来たらどう対応すればいいのだろうか、そんな悩みとうしろめたさを抱えながらの生活を強いられる。近所や友人、知人からどんな目で見られているのか、世間からの刺すような視線に「疎外感」と「孤独感」を覚える。

父は息子をオウムに追いやったのは自分であり、家庭であったと自らを責めた。手記には後悔の言葉が並ぶ。

《いまさらいくら悔やんでも仕方がないが、どうして父親として最後まで出家に反対しなかったのだろうかと、私は今なお悔やんでも悔やみ切れない》

《父がすべてに対してもっとしっかりして、思慮深かったならば君がオウムに行くこともなかったし、君はもっと普通の人生を送ることが出来たのにと父は悔やんでも悔やみ切れない気持ちでいっぱいです》

《嘉浩はこの世に生まれて果たして幸せと感じたことがあったのだろうか。何もかもが父親としての私の責任であると私は感じていた》

NPO法人ワールドオープンハート（WOH）の理事長で、全国で犯罪加害者家族の支援活動を行っている阿部恭子はこう指摘する。

「加害者家族は、強い自責の念に苛まれます。カルト宗教への傾倒という心の内の問題が深く関わっているだけに、「あのときなぜ息子の変化に気づいてやれなかったのだろう」、「育て方が間違っていたため、間違った道に進んでしまったのではないだろうか」と、ひときわ強く自らを責める気持ちが表れるのではないでしょうか」

一カ月の逃亡生活

地下鉄サリン事件以後の一カ月、嘉浩はどんな行動をとっていたのだろうか。事件当日の三月二十日、東京都内のアジトで一夜を明かし、二十一日、嘉浩は麻原の指示を仰ごうと信徒の運転する車で上九一色村へと向かった。しかし、教団施設にいた自治省大臣の新実智光から電話で「上九に来るな！ 逃げろ！」と言われ、東京都内へ引き返した。新実の言葉から、オウムは翌二十二日に強制捜査が入ることを察知していたことがうかがえる。

オウムは東京都内にいくつかの拠点を持っていて、その一つが「今川アジト」である。諜報省は杉並区今川に借りていたその一軒家を拠点として使っていた。嘉浩は諜報活動に使っていた企業関係の書類や資料を処分し今川アジトを撤去すると、その後は八王子や西荻のアジトを行き来しながら潜伏生活を続けた。特別指名手配され、捜査の手が迫っていることを感じると、信徒の伝手《つて》で、山梨県の山中に一軒家を借りてもらった。皮肉にも、その一軒家に向かう途中で、嘉浩は逮捕され、逃亡生活に終止符を打った。

第3章　逮捕された嘉浩、教祖との決別へ

変わり果てたテレビの中の息子

《平成七年五月十五日、私には一生忘れ得ない日となった。嘉浩、逮捕の日である。府中市で何人かの信徒といるところを逮捕されたのであった。知らせをくれたのは家内だった。私が会社に出社して間もなくのことだったから、九時を少し過ぎた頃であったに違いない。家内はコードレス電話の受話器をテレビのところまで持っていって、ニュースの声を聞かせてくれた。正直いって、私は心からほっとした。このままだと、何もかもが収まらない雰囲気だったからだ》

（手記「願望」より）

特別指名手配されていた嘉浩は東京都内で発見され、公務執行妨害の容疑で現行犯逮捕された。新聞紙面には「井上容疑者を逮捕」、「地下鉄サリン事件指揮」、「非合法活動の中心」という見出しが躍った。

繰り返しテレビ画面に映し出される息子は、まるで別人だった。トレードマークのひげは剃り、髪は茶色に染まっていた。父が何より驚いたのは、その表情だった。捜査官に挟まれ、警察車両の後部座席に乗せられ、無表情に一点を見つめていた。激しくたかれるカメラのフラッシュにも視線を向けることはなかった。それは、これまで一度として見たことのない、息子の姿であった。

《この日の夜のテレビの画面で、私は家内と共に、逮捕されて護送される嘉浩の姿を目にした。後方の座席で、護送担当の係官に挟まってじっと前を向いて座っている嘉浩の姿に以前の面影はすっかり消えていた。もし、先入観がなければ、全く気がつかないほどに変りはてていた。

「あれは、よっちゃんじゃない！」

と、家内が言った。しかし、ニュースのアナウンサーは、何度も何度も嘉浩の名前を口にした。画面の映像は間違いなく嘉浩であった。突然家内が二階の嘉浩の部屋に入り号泣し始めた。〈よっちゃん！　よっちゃん！〉の涙声はいつまでも続いた》

（手記「願望」より）

嘉浩が逮捕された翌日、麻原は山梨県上九一色村のサティアンで発見された。人一人がやっと寝転がることができる狭い隠し部屋に、現金九百万円余りとスナック菓子やペットボトルに入った飲み物を抱え横たわっていた。紫色のオウム服とヘッドギアを着けた〝最終解脱者〟、逮捕の瞬間だった。

父に突き付けられた言葉

父に警視庁の取調官から嘉浩の子供のころのことを知りたいと連絡があったのは、逮捕から十日ほどたった日のことだった。指定された京都の五条署（現・下京警察署）へと向かう両親は、取調官に見せようと一冊の本を持参していた。

表紙に「願望」と大きく書かれた嘉浩手作りの本だ。ページをめくると電車から降りてくる人波を描いたイラストと、「願望」と名付けられた詞が書かれている。中学時代に、「本を作ろう」という学校から出された課題で作った十ページの本だ。嘉浩、十四歳のことだった。

願望
おれ達は、ほんとうにしあわせなのか。
この泥の世界
金さえあれば何もかも手に入る
朝夕のラッシュアワー　時につながれた中年たち
夢を失い　ちっぽけな金にしがみつき、
ぶらさがってるだけの大人達
工場の排水が、川を汚していくように
金が、人の心をよごし　大衆どもをクレイジーにさす……
時間におぃかけられて　歩き回る一日がおわると
すぐ、つぎの朝　日の出とともに、

逃げ出せない人の渦がやって来る
救われないぜ　これがおれたちの明日ならば
逃げ出したいぜ、金と欲だけがある、
このきたない人波の群れから
　夜汽車に乗って……

そして、嘉浩は後書きに次のように記していた。

「これは絵本ではない。ただ、書けと云《い》われた。でも、俺には書くことがなかった。かりに楽しい本、愉快な本、夢を与える本が出来て、みんなに見せても、数分、数秒だけ夢の中に入っても、その後、人はほかのことを考えるだろう。今、自分が書いた詞はある曲のよい所を取って、それに自分が書きたしたものなのだ！

大人達はこれを見たら僕をにらみつけるだろう
「俺たちの苦労も知らないで」と――」

嘉浩が当時大ファンだった歌手の尾崎豊が作詞・作曲した『Ｂｏｗ！』の歌詞をアレン

ジしたものだ。これがオリジナルの歌詞である。

『Ｂｏｗ！』
朝夕のラッシュアワー　酒びたりの中年達
ちっぽけな金にしがみつき　ぶらさがってるだけじゃＮＯ　ＮＯ
救われない　これが俺達の明日ならば

「Ｂｏｗ！」とは、犬や狼の鳴き声のことだが、人に屈する、屈服するという意味もある。嘉浩は「酒びたりの中年達」を「時につながれた中年たち」と変えた。父は一滴も酒を飲めないのだが、そんな父を思い浮かべていたのかもしれない。

後に、父は手記のタイトルを「願望―もう遅すぎたかもしれない―」とした。嘉浩の記した一言一言が、父に突き付けられた言葉のように思えたからだ。

「真面目なお子さんだったのですね」

「願望」を読み終わった取調官が本を机の上に置くと言った。

「真面目というより、子供心に社会の不条理といったものに怒りを覚えていたのかも知れません。でも、そのことを当時の私は知りませんでした。親として、失格です」

父はそう答えた。

「お子さんはどんな性格だったんでしょうか」

取調官が尋ねた。

「別に変わった性格ではありません。普通の子でしたが、何か……」

母が答えた。

「少しは話をするのですが、肝心の取り調べをするとなると、まったくお手上げの状態で――」

取調官が両親を呼んだ目的は、嘉浩の自白を促す突破口を見つけようということだった。

父も嘉浩がすべてを話すことを望んでいた。救済の名のもとになぜ無差別大量殺人は起こされたのか、荒唐無稽な教えがなぜこれほどまでに増長増大していったのか、将来のある若者たちは何を求めて教団に走ったのか、オウム事件は解明されなければならないことは明らかだった。

解かれた接見禁止

裁判所から嘉浩との接見が許可されたのは五月二十六日だった。

接見等禁止一部解除決定

被疑者　井上嘉浩

右の者に対する殺人、殺人未遂被疑事件について、さきに当裁判所裁判官のした接見等禁止決定は、法令の範囲内における被疑者の実父の接見に限り、これを解除する。

平成七年五月二六日

東京地方裁判所刑事第一四部

裁判官

被疑者が容疑を否認している場合に「接見禁止」の処分が下されることが多く、接見禁止の解除は異例の措置ともいえる。父は霞が関にある東京地裁で、接見許可書を受け取ると、嘉浩が拘留されている大崎警察署へと向かった。

手にした許可書。息子に会えるという喜びとともに、書かれた「殺人、殺人未遂被疑事件」という言葉が重くのしかかった。

父が最後に嘉浩に会ったのは逮捕の半年ほど前だった。東京から広島へ向かう新幹線の中から突然電話があり、京都駅で降りるので、時間があれば会いたいという連絡だった。停車中にわずか数分話をしただけで、嘉浩を乗せた新幹線は京都駅を発っていった。

「よっちゃんに怒られた」

車両が見えなくなると母はつぶやいた。母は息子から修行の仕方について注意を受けたという。母は嘉浩に会いたい一心でオウムに入信し、時折セミナーにも参加していた。地下鉄サリン事件が起きる前は、嘉浩にもまだ自由があった。しかし今は国家の管理と監視下に置かれ、手の届かないところへ行ってしまったと感じていた。

大崎署には警視庁の取調官が待っていた。父が通されたのは、三階の取調室だった。

「事件に関してあまりしゃべらないとのことですが――」

父は自ら取調官に言った。

「いいえ、しゃべらない訳ではありません。自分のことに関してはやったことはやったとはっきり言うのですが、肝心なことになりますと黙秘しますと言ったきり――」

取調官は顔を曇らせた。

「どのようなお子さんでしたか？」

これまで何度も受けた質問だった。

「普通の子供でした」

〈決して殺人など起こすような子では――〉と口まで出かかったが、父は言葉を吞み込んだ。

かれこれ一時間ほど話したころだろうか。

「じゃ、そろそろ子供さんに――」

口を閉ざす息子

三階の取調室から留置所のある二階へと案内され、父は留置所の入口から中へと入った。入ってすぐ留置官が執務する部屋があり、接見する部屋はその奥にあった。一畳程の細長い部屋が二つ、鉄の網で仕切られていた。

許された接見時間は、三十分以内だった。接見できることは例外中の例外だが、嘉浩が家族と接することで、信仰に凝り固まった心を解き、捜査を進展させたいという取り調べ側の思惑が透けてみえる。

《突然、向こう側のドアが開き、息子が姿を現した。どうも、と照れ臭そうに、白い歯を見せていすに座った。

「元気か?」と私は言った。

「元気です。お母さんは?」と息子が答えた。

「元気だよ。本当はお母さんも君に会いたかったんだが」

と、私は答えた。

息子は何も言わず、悲しそうな目を私に向けると、

「お父さん！　すべては塞翁《さいおう》が馬ですから――」

と、言った。

私は何も言わなかった。いや、言えなかった。これから息子がたどって行かねばならない過酷な人生のことを考えるとどう答えればよいかわからなかった。齢、二十代の半ばにして心から言える言葉ではないだけに、その真剣なまなざしに私は心が滅入っていくのを感じていた。


私には何をどう話してよいのかわからなかった。息子がこうして無事にいることを確認出来ただけでも、それで満足だとの思いもあった。目の前にある腕時計の針が無情に時を刻んで行く。

「検事や取調官の人に聞いたんだが、君が余りしゃべらないとおっしゃっているけど」

と、私は思い切って口に出した。

息子は、一瞬悲しそうな顔をすると下をむいてしまった。私はいわなければよかったと思った。まだ、逮捕されてから十日足らずしか経っていない。逮捕されてすぐに何も

かも白状せよといったって、そう簡単に出来るものではないであろう。そんな息子の立場も考えずに、一方的に親のエゴを出したことを後悔し始めていた。

息子は異常にやせていた。ここ二か月、本人の回りを取り囲む環境は口に言えぬほどにつらいものであったに違いない。私はここに来たことを悔やみ始めていた。第一、息子の心情を察すると、何ともいえなかった》

（手記「願望」より）

三十分の接見時間が終わった。

「元気で！」と、嘉浩は深々と頭を下げた。父は息子が生きているだけでも救いであると思うしかなかった。

すべて正直に供述を

暦は六月になっていた。父は息子あてに一通の手紙を書き弁護士に託した。それは事件の全容を正直に話すよう呼びかける手紙だった。

《今の君にこういう言い方はむごいかも知れませんが、君は働き盛りのご主人を亡くされて、これからどういう生活をしていったらいいか途方にくれている、ご家族のことを考えたことがありますか？

若者達が、何の前ぶれもなしに、この世から消えていかねばならなかった悔しさ、そして父母の悲しみを感じ取ることが出来ますか？

全ての人間には、自らの人生を運命の許される限り謳歌《おうか》し、そして家族、友人とその人生をまっとうする権利が与えられているはずです。

それを、君たちは何の必然性も理解しないまま、無残にもその命を奪ってしまったという厳粛な事実に、真っ向から目を向けて欲しいと、父は切に望みます。そうすれば、今、君がなさねばならないことは何であるかの答は、おのずから出てくるはずです。

君がすべてを正直に供述し、一点の曇りもない夏空を見上げることが出来ることを父は心から望みます》

（嘉浩宛　父の手紙）

六月六日、嘉浩は殺人と殺人未遂の罪で起訴された。嘉浩は被疑者から被告人へと変わった。逮捕、拘留、起訴。やがて裁判が始まる。事態は一歩ずつ進んでいた。

嘉浩は関与した事件については、少しずつ供述を始めていたが、麻原が関与していると思われることについては、相変わらず沈黙を続けていた。

真実を話すこと、それは麻原の呪縛《じゅばく》から解き放たれることを意味している。父は一通目の手紙から一週間も経たないうちに二通目をしたためた。強い言葉を織り交ぜて、麻原との決別を促した。

《昨日、君が起訴されたことを知りました。予想されていたとはいえ、それが現実のものとなった時の家族の思いは、又、格別のものです。

君が師として仰ぐ人物は残念ながらそれに値しない人物であることを、この際はっきりと自覚することです。父はそんな人物のコピーと君がいわれることに、これ以上耐えられない気持ちでいっぱいです。

一刻も早く、本来の井上嘉浩に戻って下さい。実際の君は、マスコミ各誌に報じられているような冷酷無慈悲な人間では決してないはずです。

最近、父はよく考えることがあります。裁判で人が人を裁くのには、それなりに限度があります。どんなに時間をかけ審理を行おうとそれから逃れることは出来ません。しかし人が自分自身を裁くのには偽りはありません。何故なら自分が為した罪がどのような過程（命令、指示その他）を経て為されたかを、一番良くかつ正確に知っているからです。

嘉浩君！　本当の意味で君を裁くのは、決して裁判官ではなく、君自身なのです》

（嘉浩宛　父の手紙）

麻原の指示は救済にはならない

嘉浩の変化が目に見える形で現れたのが十月十二日に東京地裁で開かれた拘置理由開示の法廷だった。嘉浩のために設けられた特別の場だった。

拘置理由開示は被告の請求に基づいて、法廷で裁判官が拘置する理由を告げる手続きである。不当に拘置されているということを主張する場合に請求されることが多い。しかし、今回は異例だった。逃亡中の信徒が新たな事件を起こすことを心配し、仲間に分かる言葉で出頭を呼び掛けたいという嘉浩の希望に応え、弁護人が拘置理由開示を請求した。

拘置理由開示の法廷は、被告を裁く場ではないが、本番さながらに開廷宣言、人定質問と進み、裁判官が拘置を認めた理由を説明したあと、被告人が意見陳述する。もちろん、法廷には傍聴人もあふれていた。

裁判官に促され、白い上着の嘉浩が証言台へと進んだ。十分以内という限られた時間だったが、嘉浩はやや甲高い声で用意してきたメモを読み上げた。

「信徒は、私の言葉を真剣に受け止めてほしい」と前置きしたうえで、「今、ヴァジラヤーナを実行することは、決して救済にならない」と訴えた。そして逃亡中の信徒へ出頭を呼びかけた。

「CHS（課報省）のサマナ（出家信徒）へ、今までのCHSで行った君達の犯罪行為は、逃げている君達の責任ではない。時間はかかるかもしれないが、君達には未来がある。現実を見つめて自暴自棄にならずに、新たなる人生のために、過去を清算するのも一つの道ではないかと思う」

公判が終わって記者会見した弁護人は「あえて姿をさらすことが被告にとっていいのか

苦慮したが、肉声を伝えることができるのは拘置理由開示という方法しかないと考えた」と話した。

意見陳述が書かれたコピーを報道陣に配ると、「拘置理由開示は、他の信徒が新たな事件を起こさないようにと井上被告が考えたこと」と述べ、「できれば全文掲載してほしい」と訴えた。

父にとって息子の心が次第に教団から離れてきていることを実感できる出来事だった。父は涙がでるほどうれしかったという。「教団一の凶暴な男」、「教祖のクローンコピー」などという報道も、風向きが変わってほしいと願っていた。

父は〝次の段階〟へ進むことを望んでいた。次の段階、それはオウムからの脱会だ。そのためには麻原の呪縛を断ち切る必要がある。父は麻原を尊師と呼ぶことをやめ脱会するよう諭し続けた。

十二月三日付けの手紙である。

《これまでの教祖の考え方、行動、そして、人格に、共鳴出来ないことが、はっきりとした以上、いさぎよく、教団へ脱会届を出すべきだと父は考えます。それも、来年にまたがることなく、今年中にはっきりすべきです。君には、自分が関与して入信させた信徒（サマナ）への責任もあるので、そう簡単には脱会届を出せないという考えもあろうかと思いますが、それはオウムがまともな教団であってこそ、いえるのであり今のような状態のオウムにいることは――百害あって、一利無し――であり、かえってよくありません。

今なお、目を覚まさずオウムにいる人達のためにも、君が率先して脱会すべきです》

（嘉浩宛　父の手紙）

待ちに待った脱会届

嘉浩が脱会を決意したと父が知ったのは、街にジングルベルのメロディーが流れ始めたころだった。

脱会届

尊師こと松本智津夫氏の教えが私達弟子を解脱、悟りへ導くことなく、衆生《しゅじょう》に救済をもたらさなかった今、私はオウム真理教を脱会します。

これまでの尊師こと松本智津夫氏の指示によるマハームドラー（弟子にやりたくないことをさせて帰依を試す修行　※筆者注）の修行の名のもとにおける犯罪行為については、裁判で明らかにすることにより、少しでもつぐないをするつもりです。

一九九五年十二月二十六日

井上嘉浩

オウム真理教御中

嘉浩は脱会届と、「オウム真理教のサマナや信徒へ」と題したメッセージを教団に送った。オウム真理教では、ステージを上げるには出家が必要だとして積極的にサマナ化を進めていた。「修行の天才」、「側近中の側近」などと呼ばれた嘉浩には、もう一つの顔がある。「導きの天才」とも呼ばれた勧誘力である。企業に例えるなら、社長の言うことは絶対で、社長に身も心も捧げ、売り上げのためには何事も厭わない優秀な営業マンといったところか。獲得した信徒は千人ともいわれる。教団には一九九五（平成七）年時点で一万人を超える信徒が存在していたとされるが、嘉浩のメッセージは、サマナや信徒に向けて

〈松本氏の教えは真理と似て非なる教えであった〉と断言した。そして、自分たちが覚醒を得ようとするなら、「最終解脱者なんていらない」と明言し、脱会を呼び掛けた。

オウム真理教のサマナや信徒へ（抜粋）

私、井上嘉浩は一九九五年十二月二十六日付けでオウム真理教から脱会致しました。教団を脱会するにあたり、私と関わりがあったサマナ、信徒の方々にも脱会していただきたいと願い、私が脱会を決意した心境を伝えたいと思います。（中略）

私と関わりがあった信徒、サマナへ　私の言うことを聞いて欲しい。

今みんなを取り巻く現状、これこそが尊師こと松本智津夫氏の教えが真理と似て非なる教えであった事の現れであることに気付くべきです。

私たちが覚醒を得ようとするなら「最終解脱者」なんていらない。「救済者」なんていらない。「尊師」も「正大師」も「正悟師」も「サマナ」もそんな階級なんていらない。「教団」なんて何一つとして必要ない。

一体どれだけの人達がポアという名のもとに殺され、その家族の人々が苦しんでしまったのか。一体どれだけの弟子が幻覚剤のイニシエーションで死んでいき、どれだけの弟子がポアという名のもとに殺されてしまったのか。一体どれだけの弟子が大きな犯罪を犯し、苦しんでいるのか。

それでもみんなはオウム真理教の実態を見ようとせず自分たちに都合のいい部分だけを見ようとし、「尊師は絶対である」と信じていまだにすがってしまっている。

早くこの現実を有りのままに見つめて欲しい。

待ちに待った「脱会宣言」だった。父の希望通り、「尊師」の呼称はやめ、「松本氏」に改められていた。それは麻原への決別の辞であった。

それにしても、B４判の紙七枚に縦書きされた文字を見直してみると、何かざわつきを覚える。罫線のない白い紙に縦書きされた文字は、大きさがバラバラで、一行一行が波打ったようにうねっている。震えが止まらない手を押さえながら、絞り出すように書いた文字に見えてしまう。

「麻原との決別は宣言したものの、まだマインドコントロールが解けていなかったのではないか」

父はそう話す。

嘉浩の心は平常心を維持するのが困難なほど揺らいでいたことは間違いないようだ。

こうして一九九五（平成七）年は終った。

第4章　父が裁かれる裁判

地下鉄サリン事件から一年の日

《これまで経験したことのない、それも殺人者として裁かれる息子の初公判に顔を出すという、夢にだに見ない体験を余儀なくされようとしていた。私はここにきて覚悟を決めていた。現実から逃げることなど全く考えなかった。何があろうと何が起ころうと逃げれば逃げるほど、後で苦しくなるのは目に見えていた。それに、〈大変なのは息子さんです〉と、事情聴取にきた取り調べの関係者から私は何度も聞いていた。確かにその通りであろう。裁かれるのは息子だった。どんな理由があろうと、息子は人としてやってはならないことに手を染めてしまっているのだ。これから法の名のもとに裁判の場で裁かれるのをじっと見ている以外に、私たちに道は残されてはいなかった。

でも果たしてそうであろうか。表面的に裁かれるのは事件に関わった息子であるかも知れないが数々の事件を起こした教団に嘉浩が入ろうと考えたことには、親にも大きな原因があることも事実であった。

そうであれば、真の意味で裁かれなくてはならないのは、父親である私自身にほかならない。この裁判は息子ではなく、私自身が裁かれる裁判でもあるのだ。私は誰に言うことも出来なかったが、そんな思いで初公判を迎えようとしていた》

（手記「願望」より）

嘉浩の初公判の日程が一九九六（平成八）年三月二十一日と決まった。両親は前日に新幹線で上京した。三月二十日。その日は地下鉄サリン事件から一年という節目の日であり、鎮魂の日でもあった。宿泊先のテレビから「地下鉄サリン事件から一年」、「いまだ癒えぬ被害者の苦悩」などのニュースが流れ、事件の現場となった営団地下鉄の各駅で、献花や記帳に訪れる遺族や被害者、関係者の姿が映し出されていた。父は被害者遺族を思い、ただただテレビ画面を見つめ初公判の日を迎えた。

開廷は午前十時だったが、両親は一時間以上も前に東京地裁に入り、裁判所の十階にある事務室で開廷を待った。マスコミの目を避けるためだった。そこで弁護団から手渡されたのは、「公訴事実に対する陳述書」という書類だ。公訴事実とは、検察官が思い描いた犯罪の要点である。嘉浩は地下鉄サリン事件や目黒公証役場事件など十の事件で起訴されていたので、「公訴事実に対する陳述書」には十の事件の罪名や犯行日時、場所、犯行方法などが書かれていて、これに対する被告の言い分が述べられている。嘉浩は「私にとってのオウム真理教」と題してなぜオウムにのめり込んでいったのかを記していた。

「グルへの絶対的な帰依の実践は、グルと弟子のいずれも堕落させるもので、究極の目的としていた真の解脱や救済から根本的に逸脱するものだった。この現実社会は、かつての教祖が説いていた一人の人間の意思や予言によって、たやすく変更出来るような無意味な「幻影」ではなく、自分たちが自覚するしないにかかわらず、この世界にはすべてを育む限りない「慈愛」が満ち溢れ無理やりにこの世界を破壊して、予言の成就を達成しようとしても、それは決して救済につながることはなく、この世界のすべての現れは、そのままで美しくかつ意味があるということに気づいた」

嘉浩はオウムと関わりを持った十年間を総括し、単に自分をごまかしていたに過ぎなかったと記していた。自分の無知により、いかに多くの人々に計り知れない不合理な苦しみを与えてしまったかを自覚し、己の無知と愚かさが悔やんでも悔やみ切れないものであるかが切々と語られていた。

父は、よくここまで立ち直ってくれたという思いに包まれ、何度も陳述書を読み返した。

この場から逃げて帰りたい

「じゃ、参りましょうか」

両親は事務官に促され、一〇四号法廷へと向かった。時計の針は午前九時五十分を指していた。

入口で手荷物の検査を済ませ、中に入ると、傍聴者はすでに席に着いていた。数十倍の抽選を経てきている人たちである。父の視界に次々と見覚えのある顔が入ってきた。よくテレビに出ているジャーナリストや報道関係者である。

——あの人たちは一目で、私たちが被告の家族であることは分かっただろう——

そう思いながら、あらかじめ裁判所が用意した一番前の席に腰をおろした。報道関係者が「頭撮り」と呼ぶ開廷前三分間のカメラ撮影は終わっていた。

ほどなく嘉浩が、正面裁判官席に向かって左手の入口に姿を現した。嘉浩は法廷全体に向かって深く頭を下げると、そのまま正面に歩いてきて、まず裁判官席、そして検事席、最後に傍聴席に深々と頭を下げて被告人席に腰を下ろした。

冒頭、弁護側は、「殺人未遂の罪に問うならば、その対象者と被害の程度を明らかにするべきだ」と主張し、裁判長がこれを認めた。

このため地下鉄サリン事件の被害者全員の氏名と症状を読み上げる検察官の声が法廷に延々と続いた。嘉浩は起訴状のコピーを取り出し、一人一人の氏名を目で追い続けた。父はそんな嘉浩を見つめた。

検察側の朗読は昼休みの時間を挟んで、午後二時半まで続いた。

朗読終了後、罪状認否に立った嘉浩は裁判官の前へ出ると大きく一礼し、用意した書面を大きな声で読み上げた。

「この法廷で大変多くの被害者の名前を聞き、結果の重大性、罪の重さをあらためて自覚します」

この後、嘉浩は次々と自らが関わってきた数々の事件について罪状を認否していった。

《私には言葉がなかった。出来るものなら、この場からすぐにでも姿を消してしまいたい。自分の息子が関わった未曾有の凶悪事件を本人が次々と認否していく姿を平気で目にしていられる親が一体どこにいるだろう。しかし、逃げ出すわけにはいかないのだ。私は覚悟を決めてじっと息子の姿を見つめていた》

（手記「願望」より）

最後に嘉浩は次のように語り、自らの陳述を締めくくった。

「多くの方々の計り知れない苦しみを少しでも多く自己の苦しみとして反省し、これからの裁判において、私の知る限りのオウムの実態を明らかにし、二度とこのような宗教の名のもとにおける犯罪が、この日本において生じないことを願い、今、私の出来る唯一の償いをしていくことを誓います」

公判が終了したのは予定時間をはるかにオーバーした午後五時半近くだった。

両親は嘉浩が去り、記者や傍聴人が消えた後も、しばらく法廷に残った。裁判所の外に出たとたんマスコミに取り囲まれることが予期されたからだ。
父は弁護団に、もしマスコミ関係者から両親のコメントを求められたら手渡して欲しいと願い、短いコメントを託していた。

「一連のオウム事件での様々な被害者のことを考えますと、どのように申し上げればいいのか言葉につまります。私どもは息子が関与した様々の被害者の方に、心から申し訳ない気持ちで今もいっぱいでございます。願わくは息子が過去の誤った行為の一切を明らかにして被害者の方々へ出来る唯一の償いを、何人にも臆することなく立派に果たしてくれることを切に希望するものであります」

初公判から二週間余り、父は大崎署で嘉浩との接見を終えると新宿へ向かった。嘉浩のスーツを購入するためだった。初公判は喪に服するという意味もあり黒のスーツだったが、毎回黒というのもどうかと思い、新たに選んだのはライトグレーの合服だった。
四月二十六日、第二回公判。嘉浩は、父が用意したスーツを着て出廷した。

嘉浩は、麻原が初公判で述べた発言について「独自の宗教理念を正当化しただけで、真相を明らかにしていない」などと批判。現役の信徒に向けて、「今までのように現実を全く無視し、グルへの帰依という名の下において、松本氏を妄信的に信仰し、依存し続ける限り、同じ過ちを繰り返すことになる」と述べ、脱会を呼びかけた。

この日の夕刊の大半が、一面トップで公判の模様を報道していた。

始まった東京拘置所の日々

嘉浩には逮捕から一年を過ごした大崎署から葛飾区小菅にある東京拘置所へ移される日が近づいていた。

日本における刑事事件の手続きだが、逮捕された被疑者はまず警察の留置場に収容され取り調べを受ける。送検後も引き続き留置場に勾留され、起訴された後に拘置所へ移送されることになる。拘置所は東京、大阪など全国に八カ所（拘置支所は約百カ所）あり、未決囚と呼ばれる刑が確定していない被疑者・被告人と確定死刑囚を収容する施設で、管轄は法務省となる。

拘置所が満員状態で房が空くのを待つケース、保釈申請が通りそうなケース、起訴された事件の他にも余罪が複数あるため引き続き留置場で取調べが続けられるケースを除いては、拘置所へ移され裁判を続けることになる。

東京拘置所は鉄筋十二階建て、中央に管理棟があり、管理棟から放射状に収容棟が伸びる。すぐ脇を荒川が流れ、首都高速道路が走る。敷地の外から窓が見えるが、中の様子はうかがうことはできない。屋上に見える半円筒形の金網に覆われたスペースは運動場だ。収容人数三千人を超える日本で最大規模の拘置所だ。「東拘（とうこう）」、あるいは所在地から「小菅（こすげ）」と呼ばれる。

一九九六（平成八）年五月二十七日、嘉浩は大崎から小菅へと移送された。収容棟の畳四畳にも満たない独居房での生活が始まった。

嘉浩は独居房の様子を、支援者の平野喜之への手紙にこう書いている。

「房の広さは横は、両手を水平に伸ばしたぐらい、縦は横の二倍ちょっとです。奥にトイレと手洗いがついています。ですので、動けるのは書類などもあり、ふとん1枚分ぐらいです。中には時計はなく、起床、午前十時、十二時、十五時、十七時、二十一時のチャイム、食事、ラジオ、就寝などでおよそわかる程度です。起床は七時、就寝は二十一時です。食事は朝は起床直後、昼は十一時三十分ごろ、夕食は十六時ごろです。

風呂は十月～六月が週に二回、七月～九月が三回です。一回十五分だけです。(実際は十二分ぐらい)、運動は房の二倍ぐらいの大きさの動物園のまるで檻そっくりな中に入れられ風呂のない日の平日のみ、一日、三十分可能です。太陽の光はめったに入らないコンクリートと金網に囲まれ、すきまから空が四方のうち一面のみ、上の方だけ見えます。風すらほとんど入ってきません。自分以外に動くものが見えるのは、時おりチェックして歩き回っている職員ぐらい。あとは面会です。

差し入れに花があり、生物的なものは花ぐらいです。ラジオは一方的に(自分では局を選択できません)平日は午後三時～三時三十分、五時～九時まで、土日は正午から四時、五時～九時まで流れます。これも房の外のスイッチを職員にたのめば聞けます。自分ではスイッチすら一切動かせません。本は読めます。ただ手元における数が十冊までです。

こういう中で、反省をしろと言われても、本人が努力しない限り、人間性の回復は大変困難ですね」

差し入れの注意事項

五月三十日、父は初めて接見のため東京拘置所を訪れた。受け付けは朝の八時半からだが、早めに行った方がいいと聞かされていたので、朝食も取らずにホテルを出て東京拘置所へ向かった。八時過ぎ、鉄錠門の前にはすでに十人ほどが行列を作っていた。八時半になると開門し、荷物の検査を受けて受け付けへ行くと、許可印が押してある番号札を受け取った。この番号が接見の順番となる。

「受付番号1番から7番までは中の待合室に入ってお待ち下さい」

所員の言葉に促され〝中の待合室〟に入ると、正面の壁には「注意事項」と書かれた看板が掲げてあった。

一．差し入れは必ず本人と話し合ってからにして下さい。

二．手紙類はこの窓口からは差し入れ出来ませんので、手紙などの方法で送って下さい。

三．衣類について

＊汚れのひどいもの、破れたもの、香料などのにおいのついたものは、差し入れできません。

＊三十センチ以上の紐のついているもの、フード（帽子）のついたもの、金属類の差し入れは出来ません。

＊つなぎ服、組関係や団体等のマーク類の入ったものは差し入れ出来ません。

＊衣類などは季節に適したものをお願いします。

＊寝具類、その他、胴巻き、手袋

＊書籍類――単行本、雑誌三つ

＊パンツ類　十

＊スポーツ新聞　一紙にかぎり五部

＊切り抜き新聞一点

＊日用品タオル（1）、石けん（2）、ハンカチ（1）＊その他　写真、絵はがき一枚、

郵券二千五百円まで
＊洋服類背広（上下）二着、ジャンパー、トレイニングウエアー（上下）一着
＊オーバーコート　一着、ズボン、毛ズボン　一着
＊チョッキ、カッター、カーディガン　二着
＊ワイシャツ、カイキンシャツ、スポーツシャツ　三着
＊ガウン（各）一着
＊下着類肌着　上下三つ
＊ズボン下（ステテコ、モモ引き）三つ
＊たび、くつ下　三つ

父は「注意事項」を詳細にメモにとった。郵券とは郵便切手のことである。こと細かに書かれた「注意事項」は嘉浩の置かれた立場がいかに大変なものであるか思い知らされるものだった。父は嘉浩の移監に合わせて、布団やシーツ、ノート、便せんと封筒、洗濯石けんなどを買い揃え差し入れしていた。

接見の順番がきて〝中の待合室〟のさらに奥にある接見室へと足を運んだ。ほどなく嘉浩が現れた。

「元気か?」

元気そうな顔をみてほっとした。

それにしても、嘉浩から聞かされる拘置所の生活は、驚くことばかりだった。

父は弁当を頼むことが出来ることを初めて知った。一食が五百十五円で、希望により昼食、夕食が用意される。ただし土曜、日曜、祭日を除く。牛乳も飲むことが出来るが、一日二本までと決まっていた。一本が八十五円だ。

接見時間はおよそ十分だった。嘉浩の横では係官が会話をノートに書き込んでいた。

「家族からの余程の心のケアがないと、周囲の環境に押しつぶされて、二度と立ち上がれなくなってしまう」

父は何としても息子の力になってやるという思いを強くし、小菅を後にした。

師弟対決

六月二十三日付の父への手紙で、嘉浩は「おそらく弟子の中では最もはじめに教祖の法廷に出ることになりそうです」と知らせてきた。「教祖の罪を証言することは自分の罪を認めること以外はありません。とにかく死人となりながら未来を切り開く気迫で挑むつもりです」と書き加え、「死人はもっとも自分に忠実であり、全てを捨ててしまっているからこそ、失うものは何にもない。真の死人こそ、真の生命なり」。

命を賭して教祖と戦う覚悟が書き記されていた。

父は直接対決のことを思うと、気が気ではなかった。嘉浩は半年前の十二月に「オウム脱会」を決め、「尊師こと松本智津夫氏の指示によるマハームドラーの修行の名のもとにおける犯罪行為については、裁判で明らかにすることにより、少しでもつぐないをするつもりです」と宣言した。教祖の犯罪を糾弾する覚悟を決めてはいたが、その教祖を眼前にして堂々と宣言を貫くことができるのだろうか。十六歳で入信し、社会人としての経験を積むこともなく、一心に教祖に仕えてきた九年間で、息子は少年のままの息子であった。

《教祖の前に出て、きちんと証言出来るであろうか。教祖の顔を見たとたん、これまでの気持ちが覆されはしないだろうか。マスコミが嘉浩の証言に注目しているだけに、気がかりだった。

嘉浩にとって教祖の裁判に証人として出廷することが、精神的にもかなりの負担になっていることは、八月に嘉浩から送られてきた手紙を通して容易に計り知ることが出来た。何といっても、齢、十六歳の頃から約九年にわたって師と仰いできた教祖である。それこそ一時は何もかもをグルに捧げていたに違いない。

故あって袂《たもと》を分かつことになったとはいえ、心中、少なからずこだわりがあるはずである。そのことは私にもよく分かっていた》

（手記「願望」より）

〝師弟対決〟として注目を集めた九月二十日の証人尋問。嘉浩は地下鉄にサリンがまかれることが決定された密談について「一九九五（平成七）年三月十八日の未明に〝ロールスロイスの車中指令〟があった」と証言した。〝ロールスロイスの車中指令〟とは〝リムジンの謀議〟とか〝車中謀議〟といわれる密談である。その日、麻原ら幹部六人は都内の飲食店で会食し、教団施設へ帰る途中のリムジンカーの中で、近く想定される警察の強制捜査に話が及び、これを阻止するため地下鉄にサリンを撒くことが提案され、麻原が同意したとされる。

以下、嘉浩の証言である。

幹部の一人が「地下鉄にサリンをまけばいい」というと、麻原は「それはパニックになるかもしれないな」と応じた。嘉浩は「サリンの薬品購入ルートは警察の捜査が進んでいる。けん制のために硫酸か何かまいた方がいいのではないでしょうか」と進言した。しかし麻原は「サリンじゃないとだめだ。アーナンダ（嘉浩の宗教名）、おまえはもういい」と言って、嘉浩に総指揮役の交代を言い渡した。

翌日の新聞には嘉浩の証言が大きく取り上げられていた。「自分の命と引き替えに教祖と差し違えた」、「事実を闇に葬ることは後に悔いを残すからたとえそれが自分に不利になろうとも話すべきことは話す」との決心で教祖の罪を告発したなどと報道していた。

嘉浩の証言が、麻原が地下鉄サリン事件に関与したことを裏付ける証拠として採用された。

「私はこれでよかったと思いました。黙っていればそれはそれで済んだかも知れませんが、本人としては一生悔いが残るでしょう。それよりすべてを明らかにしてその判断は司法に任せる、それが嘉浩が採るべき唯一の道です」

父はそう話し、嘉浩がひるむことなく麻原と対峙《たいじ》したことに安堵した。

一方、嘉浩は法廷で、麻原と「心の戦い」があったことを明らかにした。

「松本氏が私の隣で一生懸命ヨーガのトゥモという呼吸法をして、熱エネルギーを起こし、私に念をかけてくるのがよくわかったのですが、同時にオウムの修行では教祖がこれしか出来ない現実を知って大変哀れみを感じた時もありました」と父への手紙に書いている。

自らを責める法廷の父

《初めは弁護側からの尋問、その後検察側からの尋問が行われた。どのような質問がなされ、それに対して、私がどう答えたかは、今となっては定かではないが、私は子供に対して、父親としての配慮が全くなされていなかったことを話し、事件の責任の一端は父親である私にあることを話した。事実、私はそのように思っていた。子供の最も多感な時期に父親としての為すべき義務を怠っていた私には、その責任を負う義務があることは、誰の目にも明らかなことであった。だからこそ私はこうしてこの場にいるのだと自分なりに理解していた。

弁護団がごく常識的な質問であったのに比して、検察側の質問は当然のことながら厳しかった。検察はあくまで被害者に代わっての尋問である。それが弁護団とは異なっても、ごく当然のことだと思うが、はじめから敵対心が感じられたのは尋問を受ける側の錯覚であったのだろうか。弁護団、そして検察側の尋問の後、最後に裁判官から一言二言、質問があり私の証言は終わった》

（手記「願望」より）

一九九九（平成十一）年六月二十一日、父と母は情状酌量の証人として東京地裁の法廷に立った。この日、開廷は午前十時で、父と母は傍聴者が入る前に傍聴席の一番前に座った。

しばらくすると、嘉浩が係官につき添われて法廷に入ってきた。いつもの通り嘉浩は傍聴席、弁護団、検察官、そして裁判官にお辞儀をして自分の席に着いた。
――この日は嘉浩の裁判というより、私たち両親がその生きざまを問われる日なのだ――
そんな思いで臨んだ酌量の場だった。

情状酌量とは、裁判官が犯罪に至った事情をくんで刑罰を軽くすることで、当然、被告人をよく知る加害者家族が証人として呼ばれることが多い。しかし、裁判は原則として公開であり、法廷では否が応でも様々な人と顔を合わせることになる。事件の被害者、報道関係者、嘉浩の裁判の場合は、いわゆるオウムウオッチャーも加わり、被告や証人の一挙手一投足を見つめる。一般の人が証人として出廷することは、ほとんど経験することはなく、その重圧は並大抵ではない。

午前中は父が、午後は母が尋問を受け、長い一日は終わった。

長年オウム法廷を取材してきた朝日新聞記者の降幡賢一は『オウム法廷⑨諜報省長官井上嘉浩』（朝日文庫）にこう記した。

「子どもが未曽有の重大犯罪にかかわったと知ったとき、その両親はこのようにして、自らを責めるのだろうか。オウム真理教元幹部井上嘉浩被告の公判で証言した井上被告の父親は、「私が会社人間で、ほとんど家庭を顧みなかったから」と述べ、母親は「あの子にはくつろげる家庭がなかった」と、それぞれ自分たち夫婦のあり方が結局息子を教団に追いやってしまった、という悔悟の気持ちを語った。「責任を息子と一緒に償いたい」と両親が語るとき、被告はつらそうに目をつぶってそれを聞いた」

息子の刑罰を軽くするためには、父としてできるだけのことはしようと思う反面、オウム事件の加害者の家族が刑を軽くするということを望んでいいのかという思いの板挟みとなり、父の心は揺れた。

加害者家族が強い後悔の念にさいなまれるのは一般的によくあることだが、オウム事件の場合は、心の奥底に深く関わる〝信仰〟と〝犯罪〟が表裏一体となった事件であるだけに、父の後悔の念は強くて深い。育て方が人格に大きな傷を負わせてしまったのではないか、家庭のあり方が息子の心に投影されているのではないか、息子をオウムに追いやったのは自分ではないか——。

手記の底流を貫くのは「父の責任」で、随所に自らを責める言葉が登場する。

《父がすべてに対してもっとしっかりして、思慮深かったならば君がオウムに行くこともなかったし、君はもっと普通の人生を送ることが出来たのにと父は悔やんでも悔やみ切れない気持ちでいっぱいです》

《君に対して、君の母に対して、父親として、至らなかったことを申し訳なく思っています。君の立場と代わることが出来るのなら、今からでもすぐに代わってあげたい》

《一体この世に生まれて果たして何パーセントの人が自分の人生を本当に幸せであったと思って死んでいけるであろうか。嘉浩はこの世に生まれて果たして幸せと感じたことがあったのだろうか。何もかもが父親としての私の責任であると感じていた》

（手記「願望」より）

加害者家族の支援活動をしている阿部恭子（ＮＰＯ法人ＷＯＨ理事長）は、謝罪の心理の背景には「連帯責任」を強く求める日本の文化が影響しているのではないかと指摘する。

「アメリカでも加害者家族への批判はあるが、日本のように連帯責任をとるという文化はないので、かえって同情が集まり「家族をいじめても意味がない」となっていく。家族に連帯責任を求めて犯罪を抑止しようという理論は成り立たない」

父は嘉浩からの手紙で、検察側の求刑がクリスマスイブの日だと知らされた。

クリスマスイブに求刑された極刑

一九九九（平成十二）年十二月二十四日。検察側の論告は、父にとっても嘉浩にとっても予想外のものだった。

「被告はリムジン内での謀議に参加、その後、故村井秀夫幹部らと具体的な犯行計画を練り、犯行実現に向けて様々な提案を行ったほか、犯行当日の行動について、実行役と運転手に詳細な指示を与えており、強力な統率力を持った現場指揮役だった」

「公判では自分の都合のよい言い訳を並べ立て共犯者に責任を転嫁するなど、反省悔悟の情が見られない。被告に対し死刑の選択を避けるべき事情は認めることができない」

求刑は死刑だった。

「論告の要旨は、私が嘉浩や弁護団から聞いていることとは、はるかに隔たりがありました」と父はいう。

検察側は、嘉浩の証言をもとにいくつかの公判を進めてきたと思っていたのだが、「反省悔悟の情が見られない」という言葉に父は「一体どうして……」と絶句した。

「生」を与えるという選択

死刑が求刑されてから約半年後、二〇〇〇（平成十二）年六月六日。父と母は東京地裁へ入ると、一〇四号法廷の前で二人分の傍聴券を受け取った。開廷にはまだ一時間以上もあった。

午前十時、開廷直前に、紺のスーツ姿で入廷した嘉浩は、井上弘通裁判長に促され証言台の前に立った。

「判決の内容をよく聞いてもらいたいので、理由から説明します」

極刑を言い渡すときに多い「主文後回し」を裁判長が告げ、判決理由の朗読が始まった。

「地下鉄サリン事件の首謀者や実行行為者と同一視するような責任を負わせることはできない。死刑は究極の峻厳な刑であり、被告人に対して、死刑という究極の刑を選択することは、なお幾分か躊躇《ちゅうちょ》せざるを得ない」

朗読が三時間を超えた午後一時八分だった。

「主文　被告人を無期懲役に処する」

裁判長が死刑を回避する判決を言い渡すと、嘉浩は周りをはばかることなく泣き崩れた。

「しっかりしなさい。しっかり裁判所のいうことを聞きなさい」

どよめく法廷で、裁判長は語り掛けた。

「裁判所がこの判決にあたって一番心にとめたのは、被告人らの残虐非道な犯行によって命を奪われた多くの方々、被害者とその家族の方々です。この法廷で多数の被害者、遺族が述べた憤り、悲しみ、苦痛、涙、それに何と言っても被告人に対する厳しい言葉、激しい怒りが、裁判所を強く打ちました。審理を通じて判決に至るまで、そのことが裁判所の心から離れたことはありませんでした。

ただ、裁判所としては、被告人が何よりそれらを自分のこととして痛切に感じ、苦悩し、深く心に刻み込んだものと認め、各犯行の中にあって、わずかであれ、うかがうことが出来た被告人の人間性をみて、無期という「生」を与える選択をしました。

無期ですが、被告人に与えたのは、決して自由な日々でも、修行の日々や瞑想を送る日々でもありません。これからは、自分たちが犯した凶悪な犯行の被害者のことを、一日、一時、一秒たりとも忘れることなく、特に宗教などに逃げこむことなく、修行者ではなく、一人の人間として、いいですか、一人の人間としてですよ、自らの犯した大罪を真剣に恐れ、苦しみ、悩み、反省し、謝罪し、慰謝するように努めなければなりません」(『オウム法廷⑨諜報省長官　井上嘉浩』朝日文庫)。

泣きじゃくりながら説諭を聞いた嘉浩は「はい」と答えた。「ありがとうございました」と叫ぶように言い、裁判長に深くお辞儀をし、しばし動かなかった。

《判決は無期懲役。法廷内に一瞬どよめきが走った。それは大方の予想をはるかに超えるものであったに違いない。私にはそのことがよく分かっていた。一〇四法廷の中には騒然とした雰囲気がいつまでも消えることはなかった。私達夫婦はしばらくの間、その場を離れることはなかった。

東京駅で数社の夕刊を買った。一面のみならず、社会面も嘉浩の記事でうまっていた。予想外というのが一般的であった。傍聴券を求めて列を作る人々の写真は私にとってとてもショックだった。もうこれで嘉浩の名を知らない日本人は少ないだろうと考えるといても立ってもおられない気持ちだった。

京都の自宅に着いたのは午後の八時を過ぎた頃だった。今頃、嘉浩は何を考えているのだろうかと思った。判決が言い渡された瞬間、嘉浩は証言台の前のいすに両手をおいて、わんわんと泣き始めた。私はこれまでの嘉浩の人生のすべてが集約された涙であったように思う》

（手記「願望」より）

裁判長が判決を言い渡した後、被告人に語り掛けるのが「説諭」である。刑事訴訟規則第二二一条に「裁判長は、判決の宣告をした後、被告人に対し、その将来について適当な訓戒をすることができる」という定めがあり、この「訓戒」が説諭である。裁判官がなぜこの判決を導き出したのかうかがうことができる。また判決を言い渡す苦悩がにじむこともある。裁判官の個性と本音が最も現れるのが「説諭」で、その一言が被告人のその後を変えることもある。

父は極刑を免れたことに安堵する一方で、被害者や遺族の心中を思うとこれで良かったのかという気持ちにもなる。二つの思いを交錯させながら、裁判長の説諭を聞いた。

検察は予想通り高等裁判所へ控訴した。期限より二日早く手続きを取った。予想していたとはいえ、父は悄然とその知らせを受け取った。

第5章　生きて罪を償う

破棄された〝生を与える選択〟

日比谷線霞ケ関駅のＡ１出口から地上に出ると、威容を誇る白い建物が目に入ってくる。東京高等裁判所、東京地方裁判所、東京簡易裁判所の合同庁舎である。地上十九階、地下三階、一日の来所者は一万人を超える世界でも有数のマンモス裁判所である。その一階に一〇四号法廷がある。

二〇〇四（平成十六）年五月二十八日。一審の無期判決から四年が過ぎていた。父は法廷の中央の席で二審判決を聞いた。

《裁判長の「極刑に処す」との言葉を、私はまるで他人事のように聞いていた。その瞬間嘉浩は裁判長に向かって頭を下げ、こちらを振り返った。私は嘉浩の顔を直視することが出来なかった。法廷内にどよめきが響いた。それは明らかに判決に対しての予想を覆すものと私は理解した。

傍聴者の最後に私達は法廷を後にした。嘉浩は今どんな気持ちでいるのだろう？　私にはそのことが気がかりだった。弁護団にとっても、この日の判決は全く予期せぬものであったに違いない。弁護団としてはすぐに最高裁への上告手続きに入るとの情報があった。これまで陰ながら嘉浩のことを応援してくれていた関係者の方々が、駆け寄ってきては「気を落とさないよう。まだ、決まったわけではないのだから」と云って慰めの声を掛けてくれた。家内は何も云わずじっと黙っていた》

（手記「願望」より）

東京高裁の山田利夫裁判長は無期懲役とした一審の東京地裁判決を破棄し、死刑を言い渡した。オウム教団における一連の判決で一審の無期懲役が覆ったのは初めてで、死刑判決は十三人目だった。

山田裁判長は嘉浩が積極的に自供し、事件解明に協力してきたことを認めたものの、

「地下鉄サリン事件は実に悲惨な結果をもたらし、酌むべき事情を考慮しても、死刑を選択するほかない」と結論付けた。嘉浩は小さくうなずき、死刑の宣告を聞いた。

「地下鉄サリン事件については、井上被告がサリンをまくことを発案し、松本智津夫被告の受け入れるところとなって、これが共謀の最初のものとなり、その後、松本被告、故・村井秀夫元幹部と実行役、運転手役との間に立つなどして、総合調整役ともいうべき重要な役割を果たしており、一審判決がいうような後方支援ないし連絡調整の域を超えていた」（二〇〇四年五月二十九日付　朝日新聞）

父はいつものように傍聴者の姿がすっかり消えたことを確認して法廷を出た。京都へ向かう新幹線に乗ると、車内の電光掲示板が「井上被告に死刑判決　東京高裁は一審を破棄」を知らせていた。「死刑」という電飾の文字が横に流れ、やがて消えていく。嘉浩の運命を暗示するように見えた。

――人の人生がこうして決められていく。一体何故こうなってしまったのだろう――

父の疑問に答えがでるはずもなかった。その一方で「ご遺族の方々にとって、幾分かの慰めになったに違いありません。私にはほっとすることでもありました」と加害者家族ならではの複雑な心境をのぞかせた。父には心の置き場所が見つからない。

翌日、嘉浩から手紙が届いた。

「このような苦しみを家族に与えて申し訳ございません。私は元気です。大丈夫です。信じて下さい。まだ先はあります。なによりもあきらめないことです。私にとっては、父と母が元気でいて下さるのが一番の支えになります。がんばりましょう！」

父を励ます手紙に涙がこぼれた。


日本に終身刑はない。最も重い刑罰が死刑で、「極刑」ともいわれる。その次に重いのが無期懲役だが、死刑と無期懲役には天と地ほどの隔たりがある。

無期懲役は「刑期を定めない刑罰」で生涯を刑務所で暮らすわけではない。刑法第二八条では「無期刑については十年を経過した後、行政官庁の処分によって仮に釈放することができる」と定めている。実際に仮釈放のハードルは低くはないが、いわゆる〝娑婆〟に出られる可能性がある。しかし死刑の場合は改悛の状があろうが更生の可能性があろうが、国家権力によって命が絶たれてしまう。不可逆の刑罰である。

一審で与えられた〝生〟と、二審で突き付けられた〝死〟。分けたものは何だったのだろうか。父は死の淵に追いやられた息子の胸中を思うとただただ言葉がなかった。

嘉浩は一審の無期判決を取り戻したいと最高裁への上告を決めた。

「生きて罪を償う会」発足

「君の後輩が地下鉄サリン事件にかかわっていた。裁判が長く続きそうだが、一度会ってやってくれないか」

「君」とは石川県かほく市の浄専寺の住職、平野喜之であり、「後輩」とは嘉浩である。

平野が京都・洛南高校の宗教の教師、虎頭祐正《ことうゆうしょう》から連絡を受けたのは二〇〇四（平成十六）年五月の東京高裁の死刑判決から一年半が経ったころだった。平野は嘉浩と同じ京都の洛南高校出身で、嘉浩の六学年上になる。虎頭は宗教科の教師で二人にとって共通の恩師である。嘉浩がオウム真理教に入信し、数々の事件に関わったことに心を痛めていた。

京都の地下鉄烏丸線の鞍馬口近くに京極寺《きょうごくじ》はある。寺の留守を平野があずかっていて、親鸞の教えを学ぶ道場「相応学舎《そうおうがくしゃ》」として使っている。

二〇〇六（平成十八）年十一月、寒い日だった。電気ストーブをたいた京極寺の一室で、平野は嘉浩の両親と向き合っていた。

その時の様子を平野ははっきりと覚えている。

「京極寺まで歩いて五分ほどのところにある大谷大学の正門前で待ち合わせをしまして。そのときの両親の表情は忘れられませんね。笑顔が全くないというか、真っ暗なトンネルに入ったまま出口がないというか……。とにかく生気が感じられませんでした」

母は「優しかった嘉浩が麻原と出会ったばっかりに、すっかり変わってしまった」と涙ながらに話し、父は一審の無期判決が破棄されたことに憤りを隠すこともなく、「弁護士から「悔いのないように活動してほしい」と言われたが、何をしていいか分からない」と救いを求めてきた。平野は言う。

「『悔いのない活動』と言っても、何ができるのか、何をしていいのか、あるいは何をしたらいけないのか分からなかったのではないでしょうか。私も両親が中心となって『死刑判決をやめてください』という活動はできないだろうなと思った。そんなこと、できるはずないだろうと……」

背景には、オウム事件の加害者家族は声を上げてはいけない、表に出てはいけない、死刑制度に反対してはいけない、そんな思いがあったのではないだろうか。

「死刑判決が確定してからもそうですが、通底しているのは、両親が活動すると被害者に対して申し訳ないという考えです。特に嘉浩の罪は両親の罪であると考えていただけに、表に立つことにためらいがありました」

平野は支援団体を立ち上げることを決めた。

父は、これからの長い間、嘉浩をどう支えていけばいいのだろうと思っていただけに「何よりの救いだった」と振り返る。

明けて二〇〇七（平成十九）年一月、「『生きて罪を償う』井上嘉浩さんを死刑から守る会」（以下「生きて罪を償う会」）が発足した。代表には真宗大谷派教学研究所元所長の児玉《こだま》暁洋《ぎょうよう》が就き、平野が事務局長を務め実務を取り仕切ることになった。

平野は嘉浩のことを高校の先輩らしく「井上君」と呼ぶ。

「私たちの会は、井上君を支援するのではありません。井上君が償うことを支援するのです」

活動方針として①最高裁に提出する死刑判決回避の嘆願署名を集めること、②機関誌「悲」を発行すること、③活動資金としてカンパを募ること——を掲げ会はスタートした。

四月、「悲」の創刊号が発行された。「生きて罪を償う会」代表の児玉はこう書いている。

わたしたちは
〝「生きて罪を償う」井上嘉浩さんを死刑から守る会〟
を発足させました
それは〝死刑から守る会〟でありますが
同時に　井上さんが〝生きて罪を償う〟
ことを助ける会であります
わたしたちは　井上嘉浩さんが生きて罪を償うことに
少しでも　力を与《あた》えることができるようにと念願して
この雑誌を通じて　井上さんに　そして

この会に参加してくださる人々に　語りかけ
また　ご意見を聞き　執筆をお願いして
共同の課題に応答するために
学びつづけてまいります

「嘉浩を支える」ということ

父は「死刑から守る会」の誕生をうれしく思う一方で、加害者の側の人間ならではの感情ものぞかせる。手記には「被害者の方々のことを考えるとき、今なお、加害者、そして加害者の家族が生きているということすら否定したい気持ちになることは十二分に理解出来るし、実際そうでなければいけないかも知れない」と記している。

父は嘉浩にこう書き送った。

《願書や署名活動がどのような結果をもたらすか全くわかりませんが、父母としてはとても感謝している一方、地下鉄サリン事件でお亡くなりになられた被害者、及びそのご遺族、そして、その他数々の事件での被害者、ご遺族のことを考える時に、とても複雑な気持ちでいるのも現実の姿です。

事件の被害者は今なお、数々の後遺症で苦しんでおられます。それらの方々への心からの思いがあってこその嘆願署名であるべきです。ここが一番大切なことなのです。生きたいから、何とか極刑を免れたいから！　といったような安易な気持ちでの署名活動では世間は一切認めてはくれません》

（嘉浩宛　父の手紙）

加害者家族の支援活動を続けている阿部恭子（ＮＰＯ法人ＷＯＨ理事長）はこう指摘する。

「欧米諸国の加害者家族は、加害者家族自ら率先して活動しています。個人が確立しているためです。家族連帯責任意識が強い日本では、加害者家族もまた加害者と同様に罪を償うべき立場で、社会を変えるような主張をする立場にはないという発想になりがちです。「お前が言うな！」というバッシングは避けられないでしょう。加害者家族自身の中にも連帯責任意識は内在されており、抑制が働くのだと思います」

発信し続けた嘉浩の言葉

年二回のペースで、機関誌「悲」は発行された。平野は積極的に、嘉浩の言葉を掲載し続けた。

嘆願書に署名を下さった方々へ

初めてお手紙を差し上げます。

本当にありがとうございました。

皆様の心の温もりには胸がしめつけられました。たまらなく申し訳なく、ありがたく、つらくもありました。

今、私は死と向き合い、どれほど生きていることそのものがかけがえのないものかをしみじみと感じます。それによりどれほど他者の命を奪うことが恐ろしく罪深いことかを痛切に感じています。

被害者の方々に余りにも申し訳なく、どうすることもできない絶望感にさいなまれます。もう耐え切れない、気が狂いそうだと何度も思いました。
その時、家族や友人やお世話になった方々が見守って下さっていると思うと、決してこの苦しみから逃げてはいけないとの思いが込み上げます。それにより人を愛し、愛を求めずには生きていけない自分の弱さ、はかなさ、無力さをしんみり感じます。

（「悲」第五号　二〇〇九年二月発行）

地下鉄サリン事件から二十年目

地下鉄サリン事件から二十年です。自分達が事件を起こしていなければお亡くなりになられた被害者の方々やご遺族の方々、今も後遺症に苦しんでおられる被害者の方々は、どのような人生を過ごしておられたであろうかと、思い巡らさずにはいられません。只々、申し訳なくじっと静かに罪の痛みをかみしめています

当時を振り返りますと、教祖であった麻原が掲げたハルマゲドン（終末思想にもとづく世界の最終戦争）から神の意思により人類を救済するとの大義を妄信することで、唯一神々の意思を知るとされた麻原に善悪の判断を委ねることになりました。

それにより自己の言動に対する社会人としての当然の責任感を、十八歳で教団に出家して以来、「自分で考えてはいけない」との教えにより放棄してしまっていました。

麻原は救済の名のもと信者を手足として利用していましたが、信者に指示したことによる結果について、社会人として全く責任感を持っていなかったと言えます。

このようにして、教団の中では、誰も自分達の言動に対する社会人としての責任を自覚することなく、神の名のもとにおいて、自分達がすることは社会の善悪の倫理を越えた神に通じる絶対的な正義であると思い上がり、無責任な振る舞いがエスカレートしていき、大罪を犯してしまった面がありました。

「神の名のもとにおける罪の自覚の欠如」、これがカルト宗教の本質の一つかもしれません。


（「悲」十三号　二〇一六年八月発行）

アクリル板一枚の彼我

機関誌「悲」にこんな投稿をした女性がいる。

〈私は京都で生まれ育ちました。オウム真理教の事件を通して井上嘉浩さんの存在を知った時、「もしかしたら、道端で同じように悩みを抱えた一人の人間としてすれ違っていたかもしれないなあ」と思ったことを覚えています。

「どんな人に出遭ったか」、人はその出遭いによって一生が決まるといってもいいかと思います。誰もが思いどおりにならない現実の中で悩みを抱えて生きています。誰もが出遭おうとしても出遭うことの出来ない苦しさ、押し寄せてくるどうしようもない不安感、誰かに傍らにいてもらって、こんな自分を求めてくれる人が欲しいというどうしようもない孤独感とともにいます〉

自称「シンガーソング・僧侶」。真宗大谷派の僧侶でシンガーソングライターの鈴木君代である。十歳からギターを始め、京都市内のライブハウスや全国の寺院で演奏活動を行っている。投稿を読んだ嘉浩が「一度、お会いしたい」という思いを平野に伝え、二人の交流が始まった。

お坊さんに憧れてお寺に入ったの

高瀬川は、京都の中心部と伏見を結ぶため、江戸時代初期に掘られた運河である。川幅は五メートル余りで、周辺は京都一の歓楽街として知られる。その一角の木屋町通にある雑居ビルの狭い階段を三階まで上がると、「いべんとバーわからん屋」はある。

三十人ほど入ると満席となる店の奥の、一段高くなったステージで鈴木はフォークギターを手にオリジナルソングを歌っていた。ボーカル、キーボードの天白真央《てんぱくまさひろ》とベースの南浦悪太郎《みなみうらあくたろう》が両脇に並ぶ。

お坊さんに憧れてお寺に入ったの　黒い衣装に心惹かれて
お坊さんが好きだからお寺に入ったの　みんなに「なんでや?」って聞かれたけど
お坊さんに憧れてお寺に入ったの　「お経に遭う」のがすごく楽しみで
お坊さんに憧れてお寺に入ったの　あの日の私を助けてくれたから

「お坊さんに憧れてお寺に入ったの」は、鈴木が作詞・作曲したフォークソング調の曲で、コンサートでは必ず歌う。サラリーマン家庭に生まれた鈴木が、なぜ仏門に入ったのか、自身の半生を歌った名刺代わりの曲である。

鈴木が嘉浩の支援を始めたのも、この曲と無縁ではない。

鈴木は幼い頃に両親が離婚し、二人の弟と共に叔母に育てられた。複雑な家庭環境から、幼少期から情緒不安定な少女だったと話す。

「私も京都生まれの京都育ちなんですけど、六歳の時に両親が離婚していて、そのことで、仲の良い友達から、「あんたとはもう遊べない」と言われて、「なんで遊べへんのや」と言ったら、「お父さんのいない子とは遊ぶなとお母さんに言われた」と……。それで体調が悪くなって、学校でパタンと倒れたりするようになって、どうすることもできなくなって、あるお寺に預けられたんです。そのときにそのお寺のお坊さんが「君代ちゃん、セミの命もアリの命も草花の命も、人間の命と同じなんだよ」と言われて、その時私は何のために生まれてきたのか分からなかったから、お坊さんだったら、何のために生まれてきたのか、教えてくれるかもしれないと思って、仏教を勉強するようになったんです」

「何のために生まれてきたのか」を、仏教の大学なら学べる」

そう考えて進んだのが大谷大学だった。卒業後は真宗大谷派の宗務所に就職し僧侶となった。

「最終的に私は出会った人が親鸞聖人の教えに生きる人だったので、今、それで終わりではなくて、悩みながら歩かせてもらっていたので、井上さんも同じような時期に、同じように悩んでいたから、これは出遭う人が違っていたら、アクリル板の向こうにいたのは私かもしれないと思って」

二〇〇九（平成二十一）年三月、鈴木は東京拘置所で初めて嘉浩に会った。

嘉浩は「よく来てくれました。ありがとう」と深々とお辞儀をした。

「オウム真理教の幹部という社会が作りあげたイメージとはかけ離れていました。純真で、十六歳の少年が、そのまま大きくなったような人でした」

二人が育った京都市右京区の広沢池周辺を愛犬と散歩していたことなどを話したという。

鈴木は、嘉浩のことが他人事とは思えず、「本当に出遇うべき人に出遇ってほしかった」という思いを強くし、二人の交流が始まった。

郵 便 は が き

お手数ですが
切手をお貼り
ください。

102−0072
東京都千代田区飯田橋３−２−５

㈱ 現 代 書 館

「読者通信」係 行

ご購入ありがとうございました。この「読者通信」は
今後の刊行計画の参考とさせていただきたく存じます。

ご購入書店・Web サイト
書店　都道府県　市区町村
お名前《ふりがな》
〒 ご住所
TEL
Eメールアドレス
ご購読の新聞・雑誌等　特になし
よくご覧になる Web サイト　特になし

上記をすべてご記入いただいた読者の方に、毎月抽選で
５名の方に図書券５００円分をプレゼントいたします。

お買い上げいただいた書籍のタイトル

本書のご感想及び、今後お読みになりたいテーマがありましたらお書きください。

本書をお買い上げになった動機（複数回答可）

1. 新聞・雑誌広告（　　　　　　　　　）　2. 書評（　　　　　　　）
3. 人に勧められて　4. ＳＮＳ　5. 小社ＨＰ　6. 小社ＤＭ
7. 実物を書店で見て　8. テーマに興味　9. 著者に興味
10. タイトルに興味　11. 資料として
12. その他（　　　　　　　　　　　　　　　　　　　）

ご記入いただいたご感想は「読者のご意見」として、新聞等の広告媒体や小社Twitter 等に匿名でご紹介させていただく場合がございます。
※不可の場合のみ「いいえ」に○を付けてください。　　　　　いいえ

小社書籍のご注文について（本を新たにご注文される場合のみ）

●下記の電話や FAX、小社 HP でご注文を承ります。なお、お近くの書店でも取り寄せることが可能です。

TEL：03-3221-1321　FAX：03-3262-5906
http://www.gendaishokan.co.jp/

ご協力ありがとうございました。
なお、ご記入いただいたデータは小社からのご案内やプレゼントをお送りする以外には絶対に使用いたしません。

第6章　最高裁判決

二〇〇九（平成二十一）年　師走

《判決文は至極簡単なものだった。上告を棄却するとの文面で判決文を見る限りその理由は見出せなかった。判決を聞きながら、嘉浩はこの後、弁護団からの知らせをどのような思いで受け取るのかと考えると胸が一杯になった。

この日、裁判所からどの経路で宿泊先へ戻ったか、今となっては定かではない。憔悴《しょうすい》しきった家内の身体を支えながらＪＲで宿泊先へと辿り着いたことまでは記憶にあるが、この夜、夕食をとったかどうかは覚えていない》

（手記「願望」より）

二〇〇九（平成二十一）年十二月十日。父は金築誠志《かねつきせいし》裁判長の判決文朗読を最高裁第一小法廷の最前列で聞いた。

「判決を宣告します。本件上告を棄却する。犯行は法治国家に対する挑戦として組織的に行われたもので、人命軽視も甚だしい。被告人が事実関係を率直に供述し、事件の解明に貢献したことを考慮しても、死刑の選択はやむを得ない」

二審の東京高裁で言い渡された極刑が覆ることはなかった。地下鉄サリン事件から一年後の一九九六（平成八）年三月二十一日に裁判は始まり、一審は無期懲役、二審は死刑判決。十三年と九カ月を経てたどり着いたのは死刑判決だった。一連のオウム事件で十三人の死刑判決が確定したが、一審と二審で判断が分かれたのは嘉浩だけだった。

閉廷後、父は傍聴席に立ちつくした。なぜ判断が分かれ、また最高裁は二審の死刑を支持したのか。

「約三分で終わった判決文朗読からその理由を知ることはできなかった」と手記に記している。

最高裁では被告人が法廷に出ることはない。嘉浩はその日の夕方、弁護士からの電報で最高裁判決を知った。平野への手紙で心境を語っている。

「十日、心は静かでしたが、岩に押しつぶされるような不安に襲われておりました。不安、心配、そして恐怖のかたまりです。「あぁー、被害者の方々はこのようなかたまりに突然おそわれてしまったんだ。なんていうことをしてしまったんだろう」と改めて罪を犯したことの愚かさ、大罪の恐ろしさをかみしめておりました。

弁護団から私に判決の電報が届きましたのは午後七時過ぎです。スッーと恐れや不安が一時消えていくようで、時がピタリと止まったような不思議な瞬間でした。やがて、「申し訳ない……」と、これまで支えて下さった両親、弁護人、「会」の先生方、平野さん、親友、多くの先生方に「本当に申し訳ない」とぎゅっと唇をかみしめました。そして、「でも何故？」と理由が分かりませんでした。電報は結果のみで、判決文の内容がこの時点では不明であったからです。

翌日、午前中に両親が面会に参りました。これ以上、両親を苦しめることだけはしたくない、してはいけないと自分に言い聞かせました。両親がぐったりとしつつ、それでも気丈に振る舞う姿を見て、涙をこらえるのが精一杯でした。父母が、自分たちが悪かったと、なんの責任もないのに自分たちを責める姿を見て、本当に申し訳がないと、ただただ申し訳ないと、言葉がありませんでした。法廷で直接判決を受けた父母はさぞ苦しかったことだろう……とそれが無性につらかったです」

（平野宛　嘉浩の手紙）

自らを責める両親と、そんな両親を気遣う息子。便箋四枚につづられた手紙には、無期懲役を取り戻すことができなかった無念がのぞく。その無念は、もうこれ以上、両親を苦しめたくないという願いが叶えられなかった無念でもある。

「生きて罪を償う会」代表の児玉暁洋は、嘉浩に次のような手紙を送った。

拝啓
只今　平野君から最高裁の判決を聞きました。
嘉浩さん

先ず為すべきことは、死刑の判決を、しっかりと受け止めることです。

憶えば、人間は誰でも死刑を宣告されて生まれてくるのです。

「蟪蛄《けいこ》は春秋を知らず」—つくつくぼうしは春も秋も知らない—ということがあります。

いったい誰が人間の寿命を五十~百年とさだめたのでしょうか?

私は17歳の時　祖父の死に遭って自分の死を知りました。そして明日死んでもよいと言える今日の一日を生きるものに成りたいと欲《おも》いました。

死への生
それをのり超えるところに仏道があります。

児玉暁洋

嘉浩が師と仰ぎ、心のよりどころとしてきた児玉の手紙である。「心がすーっと静かになった」と語っている。

嘉浩の心は再審請求へと向かっていた。十二月二十八日、嘉浩は満四十歳の誕生日を迎え、二〇〇九（平成二十一）年は暮れた。

確定処遇に課せられる制限

最高裁で上告が棄却されても、直ちに刑が確定するわけではない。それは「判決訂正申立」という制度があるからで、刑事訴訟法第四一五条によれば、最高裁判決の日から十日以内に判決の訂正を申し立てることができると定めている。とはいうものの、申し立てできるのは判決文の誤字の修正などが中心で、死刑判決が覆ることはない。

二月一日付けで、嘉浩は確定処遇となった。確定処遇になってから、嘉浩の日常生活はかなり束縛されることになっていた。四月十五日付けで、嘉浩は父母に次のように知らせてきた。

「以前のようには手紙は届きません。以下の点、しっかり覚えて置いて下さい。平日以外は手紙は届きません。同じく手紙のチェックも平日のみです。例えば四月九日（金）の母の速達便は、以前なら十日（土）に配布されますが、今はだめなのです。十二日（月）にチェックされたようで、手元に届いたのは、十三日（火）です。普通便でも同じなのです。つまり、速達の意味は全くないのです」

（父母宛　嘉浩の手紙）

「死刑囚には執行する目的のために、父母では到底想像できない制限、そしてルールが張り巡らされているのです。外部交通者は五名と親族（六親等の血族と三親等の姻族のみ）なのです。よく思い出して下さい。被害者の方々との約束と贖罪のために本の出版を申請しても、こうした理由で不許可でした。つまり、執行のための心情安定にプラスに作用すること以外は一切認められないのです。再審の支援が出来るのは法的に登録を行った弁護士のみで、それ以外の様々な働きに関しては拘置所としては与《あずか》り知らぬということなのです」

（父宛　嘉浩の手紙）

父にとっては、日本の拘置所のルールが、人間らしく生きることを否定するためのルールにしか思えなかった。

確定死刑囚は服役囚と異なり、刑の執行を待つ存在だ。そのため死刑囚が収監される刑務所ではなく、未決囚と同様に拘置所だ。

身体を拘束されている被疑者、被告人、死刑囚が外部の人と接見（面会）したり、手紙のやり取りをしたりする権利を「外部交通権」というが、確定死刑囚の外部交通権は厳しく制限され、社会との接点は断ち切られてしまう。接見が許されるのは親族と再審弁護人、各拘置所が認めた外部交通者数人に限られてしまう。嘉浩との外部交通が認められたのは親族のほか平野、鈴木君代ら数人だった。たとえ伝言であろうと、手紙のやり取りは厳しく制限されてしまった。

「生きて罪を償う会」の平野が出した手紙も、「会」の代表である児玉暁洋の言葉は、嘉浩のもとに届いたときは黒塗りだった。平野は嘉浩との間で〝暗号〟を決め、接見で伝えていた。

「児玉先生の言葉、あるいは菱木先生の言葉を伝えたいと思って書いた手紙の一部が塗りつぶされてしまう。そこで私が工夫しましたのは、「こういう言葉が〝こだま〟していたよ」といったときには児玉先生の言葉で、「こういう言葉が僕の心の中で〝ひしめいて〟いたよ」というときは、菱木先生の言葉だという風に工夫して、「会」の先生方の言葉を伝える努力をしました」

菱木先生とは「生きて罪を償う会」の呼びかけ人の一人、菱木政晴《ひしきまさはる》（元同朋大学大学院特任教授）である。

法務省は、外部交通権制限の理由や死刑執行の手続きについて、「死刑囚の心情の安定」を理由に、詳しい情報公開はしていない。

「児玉先生の言葉を伝えることが私の大きな役割だったが、それがかなわなかった」と平野は言う。

ないがしろにされる最低基準

通称マンデラ・ルール（マンデラ・ルールズ）。正式には「国連被拘禁者処遇最低基準規則」という。南アフリカの政治家、ネルソン・マンデラ氏は反アパルトヘイト運動に身を投じ、一九六四（昭和三十九）年に国家反逆罪で終身刑の判決を受けた。二十七年間に及ぶ獄中生活の後、一九九〇（平成二）年に釈放された。その栄誉を称え拘禁者の処遇に関する規則はマンデラ・ルールと呼ばれる。

マンデラ・ルールは受刑者の処遇改善に努力するよう各国に求めた国際連合決議である。一九五七（昭和三十二）年に国連経済社会理事会で採択された規則を、二〇一五（平成二十七）年に大幅に改定し国連総会で採択された。条約なので法的な拘束力はないが、可能な限り充足に努力するよう定めた国際的基準で、日本も支持している。

例えば「個人衛生　規則十八」では「被拘禁者は、自己の身体を清潔に保つよう求められるものとし、このために、被拘禁者には、水及び健康・清潔の保持に必要な洗面道具が支給されなければならない」と定めている。また「食糧　規則二十二」では「各被拘禁者には、当局から、通常の食事時間に、健康・体力を保ちうる栄養価を持ち、衛生的な品質で、かつ、上手に調理、配膳された食事が与えられなければならない」とある。そのほかにも「運動及びスポーツ」、「ヘルスケア・サービス」など百二十二の規則が細かく定められている。

その中の一つが「外部との接触　規則五十八」である。「被拘禁者は必要な監督のもと、定期的に家族、および友人と以下の方法により連絡を取ることを許されなければならない。（A）文通、利用可能な場合は遠距離通信、電子、デジタル及び他の手段、及び（B）訪問を受けること」

嘉浩の処遇と照らし合わせてみると、日本も支持したはずのマンデラ・ルールがないがしろにされていることに気づくはずだ。嘉浩も面会は家族と外部交通権を有する平野、鈴木らに限られ、手紙はすべて検閲された。メールのやり取りは、もちろんできない。外部交通権のない人には手紙は送ることも、受け取ることもできない。「死刑囚の心情の安定」が理由とされる。

そもそも国は死刑制度に関する情報公開に消極的である。マンデラ・ルールを順守しようという動きは全く見られない。そのことを指摘するメディアが少ないのも、また現実である。

償いの在り方が変わる可能性

外部交通権の制限が「心情の安定」に寄与するどころか、阻害していることは明らかである。嘉浩は死を見つめながら日々を生きる死刑囚の恐怖を父に漏らしている。

「死刑囚は死を意識することから逃げることは出来ません。死への恐怖からパニックとなり、自らを見失い廃人同然になるか、恐怖に耐え抜くか、恐怖の正体を知り抜くかしかないようです。外部交通の制限は死刑囚の人間性を喪失させる以外のなにものでもありません。廃人になり、罪を犯した事すらわからなくなるような人間は、もはや罪人ではなくて生きる屍《しかばね》です。そんな中、私は多くの人に支えられ、日々、罪を噛みしめて生かして頂いています。

ある検事は罪人を海の藻屑《もくず》と本音をこぼしました。死刑囚は社会の藻屑にすらならないと言えるのかも知れません。でも、私は思うのです。どんな藻屑であっても、この宇宙の中にあるものでムダなものになるものは一つもない。命ある限り、一人の人間として生きよう、それが罪を償う道につながっていく。こう私は考えています」

（父宛　嘉浩の手紙）

平野は、被害者と加害者の面会が実現すれば、償いの在り方が変わる可能性があると考え、外部交通権の制限に疑問を投げかける。

「妹さんがサリンの中毒に遭われた、そのお兄さんの話ですが、「加害者を恨み続けるような人生は決して幸せな人生じゃない」と言っておられた。その言葉が強烈に印象に残っています。僕もずっと罪を償うとはどういうことかということを考え続けたんですけれども、やはり第一としては加害者が自分のやったことに罪の重さを感じて、それを言葉にして伝えていくということが大前提にある。それを伝える相手として、一番大事なのは被害者だと思います。被害者がもし加害者に会うことができて、そして加害者の真摯な反省の姿勢というものを目の当たりにするならば、被害者の方も変わってくる可能性があると思います。加害者と被害者の関係が変わるということが、償うことのとっても大きな意味だと思っています」

ある被害者遺族の思い

二〇一九（平成三十一）年三月、東京の下町の住宅街に、袈裟が入った大きなバッグを抱えた平野の姿があった。目黒公証役場事件で父親・清志を亡くした仮谷実に会うためである。

仮谷は平野の「一度お訪ねし、話をうかがいたい」という申し出を快く受けてくれた。カメラ撮影も了承してくれたことから、カメラマンと記者（私）も同行した。

自宅の二階に案内されると、部屋に仏壇があり、父の遺影が掲げられていた。

「厳格そうにお見受けします」と言うと、「公証役場に勤めていましたからね。ただ、ヘビースモーカーで、競馬と麻雀が好きで。パチンコもやっていたかな。競馬は私が引き継いで……。麻雀もですけど」

笑いながら応じた。

仮谷は、父の最後の日の事を今も鮮明に覚えている。

「まだ寝ている間に父は出て行った。前の日が月曜日で、夜に帰ってきたときに父が名刺にメモを残していって、「オウムが探りに来た。万が一の時にはオウムの仕業だから警察に知らせろ」と書いてありました。その後、私は仕事に行ったのですが、職場に四時半の事件直後に電話が入って、「父が連れていかれてしまった」ということですぐに大崎署に行ってくれと言われ、大崎署に飛んで行きましたね」

一九九五（平成七）年二月二十八日、目黒公証役場事務長の仮谷清志（当時六十八）が品

川区の路上で拉致〔逮捕〕監禁される事件が発生した。清志の妹が、教団から逃げ出したため居場所を自白させようと、清志は教団施設に連れていかれ、殺害・死体遺棄された事件だ。実行したのは嘉浩ら八人だった。

挨拶もそこそこに、平野は持参した袈裟に着替えお経をあげた。

以前、インタビューで「死刑より重い刑罰がないのがもどかしい。凶悪な事件を起こした組織なのだから命で償うべきだ」と答えていた仮谷は、平野の「生きて罪を償う」活動をどう受け止めているのだろうか。

「親を亡くした人にとっては、死刑は一つの区切りというのは当然だと思います」

平野は被害者遺族の心中を思いながら言葉を継いだ。

「僕の立場からすれば、井上君は知っていることを全部語り続けたとは思う。人間ですから「生きたい」という生への執着は当然あるだろうし、それも僕は否定しないのですけど、ただ彼の一貫した姿勢としては、罪を償うためならば、どんなことでもしたいという態度であったと思います」

仮谷は「死んだ父は生き返らないんです」というと、死刑執行への思いを語り始めた。

「刑の執行というのは、国のルールに基づいて執行されたということですので、良いとか悪いとか、被害者的にはあまり言うべきではないかなと思っています。ただ感想を聞かれた時には法律で決められたものを、そのままルール通り執行したということなので、当然だなと思いますし、中にはなかなか執行に踏み切れない法務大臣が多い中で、当時の上川法務大臣は決断をしたということだと思います」

続く仮谷の言葉に、平野は救われる思いがした。

「井上は自分で悶々としているだけではなくて、ご住職のされていることも含めて、いろんな人に伝えるという行為を彼はずっと続けてきたということについては、ある意味、私が求めた通りにやっていただいたとは思っている」

「私が求めた通り」という言葉には背景がある。仮谷は嘉浩と直接対話をしたことがあった。きっかけは二〇〇三（平成十五）年十一月の法廷だった。

「裁判所に私が証人として出廷したときに、被告人の井上とやり取りをすることがありました。ほんの一言二言なんですが異例のことです。井上の方が「罪と向き合っていきます」というようなことを言った。私は、それはあくまで自分の内面的な問題だと思った。

そうではなくて、償う気持ちを発信してくれとお伝えした。自分で思っているだけでは被害者には伝わらないよと。だからどんどん発信してくれという話をしました。そこで、当時の弁護士が、もし私が希望するなら、別途面会の場を設けるというのはどうでしょうかという。それで特別に面会が許された次第です」

こうして二〇〇四（平成十六）年一月、仮谷が東京拘置所を訪ね、加害者と被害者遺族の面会が実現した。審理の途中に被告が遺族と法廷外で直接対話するのは異例のことだった。

東京拘置所での接見を終えた仮谷は、記者のインタビューにこう答えている。

「被害者は当事者でありながら法廷の外に置かれて聞きたいことが聞けなかった。これからは接見を通じて自分たちが納得できる形で質問したり、直接悲しみをぶつけたりしていきたい」（二〇〇四年一月二十八日付　朝日新聞）

「できるだけ苦しみを自分に課していく」という嘉浩と、「それは遺族の救済にはならない」という仮谷。やり取りは最後までかみ合わなかったが、後日、嘉浩のカルト後遺症を検証するうえで重要な意味合いを持つことが明らかになる。

運命の三月十四日

二〇一八（平成三十）年三月十四日。嘉浩を乗せた護送車は何台かの車を従え東京拘置所を出発した。向かったのは大阪拘置所である。

麻原をはじめ十三人の死刑囚は、全員が東京拘置所に収容されていたが、その年の一月、元信徒の上告が棄却され無期懲役が確定し、オウム事件の刑事裁判は終結した。死刑囚が証人として出廷することはなくなったことから、十三人のうち嘉浩ら七人が分散収容されることになったとみられる。

今回は大阪と名古屋にそれぞれ二人、仙台、広島、福岡に各一人が移送された。国内に刑場があるのは札幌、仙台、東京、名古屋、大阪、広島、福岡の七拘置所（支所含む）である。法務省は分散して収容するのは通常のことであるとしているが、死刑執行の準備ではないかという観測が広がった。

嘉浩は平野への手紙で移送された時の心情を次のように書いた。

「私にとってのオウムについて説明しますと、大拘（大阪拘置所　※著者注）への移送中、東名の景色を眺めながら、十八歳の春、東京へ向かった時のことを思い出しました。それから三十年、一体何をやってきたのだろうかと、遠くの青空を見つめるばかりでした。故郷の愛宕山と桂川の光景を目にした時は胸がふるえました。学生の頃、よくランニングをして見ていた姿と同じでした。同時にお亡くなりになられた被害者の方々は故郷を見ることもできないことを思い、改めて命を奪うことがどれほど罪深いことなのかじっとかみしめるばかりでした。

私にとってオウムとは？　語りつくせるものではありませんが、あえて一言で申しますと、慙愧《ざんき》です。

十六歳の時、オウム神仙の会に入会したこと自体が、宗教というものを全く理解していなかった私の未熟さによるものであり、安易に解脱できるとの麻原の教えにそそのかされたのは私の目が曇っていたからに他なりません。教団での活動で多くの方々を入信させ布施させ出家させてしまったのは人間としての罪です。そして麻原の指示により大罪を犯してしまったのも、もとをたどれば麻原を信じてしまった私の責任です。

振り返れば振り返るほど、ただただ慙愧に堪えません」

（平野宛　嘉浩の手紙）

人に「運命の日」があるならば、嘉浩にとっての「運命の日」は三月十四日ではないだろうか。護送車の車窓に故郷の愛宕山を見たその日は、嘉浩が東京高裁に再審請求、つまり裁判のやり直しを求め受理された日でもあった。

再審請求の理由の大きな柱が目黒公証役場事件に事実誤認があるという主張である。被害者の仮谷清志は麻酔薬の副作用により死亡したとして「逮捕監禁致死罪」で裁かれたが、嘉浩は実行役の一人である医師が故意に殺害したという新たな証言をして、裁判のやり直しを求めたのである。

しかし、抗うこともやり直すこともできない「運命」は動き始めていた。

第7章　執行された死刑

最後の接見

《平成三十年七月三日、台風七号が東シナ海を北上し、九州や四国では広く雨が降っていた。この日の午後、私はＪＲ大阪駅から環状線で桜ノ宮駅へと向かい、桜ノ宮駅に着くと大阪拘置所へと向かった。

大阪拘置所には私の息子、嘉浩が死刑囚として拘留されていた。大阪拘置所までは、徒歩で十五分余りとはいえ、真夏の歩行は老体には大きな負担がかかる。嘉浩は、時折、自分との接見のために足を運ぶ、私と同じく齢八十になる家内のことを絶えず心配していた。

大阪へ移管されてから、嘉浩は母に大阪拘置所には徒歩ではなく、タクシーで来るように絶えず言っていた。嘉浩は母のことが心配でたまらないのだった。

私が大阪拘置所に着いたのは、午後の二時半前であった。私は拘置所の入り口で、携帯電話を預け、カギを受け取り、待合室へと向かった。待合室には二十名弱の人が、それぞれの面会時間を待っていた》

（手記「願望」より）


父が手にしていた受け付けの番号がアナウンスされたのは、大阪拘置所に到着して一時間近くがたったころだった。はやる気持ちを抑え接見室に入るとほどなく、嘉浩が姿を現した。

「元気か？」

いつもの問い掛けで接見が始まった。

「それにしても、今日は接見までにかなり待たされたよ。何かあったのだろうか？」

息子に会うまで随分時間がかかったことが、心にひっかかっていた。

「何でも東京から偉い人がきているようで……。それより、弁護士さんから何か連絡がありましたか？」

嘉浩が気にかけていたのは、再審の手続きだった。この日、東京高裁では再審請求の二回目の進行協議が開かれていて、提出された新資料をもとに、次回の進行協議が八月六日に開催されることが決まっていた。

進行協議とは裁判官と検察官、弁護士の三者が会って、再審請求の進め方を話し合う場である。

「順調に進んでいる。心配しないでもいい」

嘉浩が東京拘置所からこの大阪拘置所へ移送されて以来、死刑執行が近いのではないかと報道されていた。しかし父は再審請求の進行協議が続いている間は、法的に守られているので、滅多なことはないと考えていた。

「お母さんに言って下さい。今年はとても暑いので、もうしばらくして少し涼しくなってから接見にくるように。東京と違って、いつでも会えるのですから。よろしくお願いします」

嘉浩は頭を下げると、両手をアクリル板に掲げた。接見に訪れた人とアクリル板を挟んで手のひらを合わせるというのは、嘉浩の別れの儀式だった。

これが、父と子の最後の儀式となった。

大阪拘置所からの電話

《平成三十年七月六日（金）、この日は、私達にとって、忘れようにも、忘れることの出来ない日となった。午前八時、私はいつも通り朝食を済ますと、居間でくつろいでいた。

午前九時前、私は無意識の中にテレビのスイッチを押して画面に目を向けた。確かNHKだったと思う。画面を目にして、私は一瞬、棒立ちとなった。

画面に映し出される映像の中に、かつての教祖の姿が映しだされるや否や、法友の姿に続いて教団にいた頃の丸刈りの嘉浩の姿があった。

事態の深刻さを理解した家内が、「よっちゃん！　よっちゃん！」と言って、泣き叫んだ。

その声は、二十三年前に、テレビの画面に映る嘉浩が逮捕されて警察の車で護送されている姿を目にした時と同じ叫びだった。私は何が何だか全く分からず、ただただ呆然とテレビの画面にくぎ付けになっていた。どのくらいこうした状態が続いたであろうか？　自宅の電話が鳴った。

電話は大阪拘置所からであった。

「今日の朝、刑が執行されました」

事務的な係官の言葉が私の耳に届いた。

「わかっています。今、テレビで知りました」

と、私は応えた。

「嘉浩さんは毅然とした態度でした」

「……」

「最後に当たって、「こんなことになるとは思っていなかった。お父さん、お母さん、ありがとう。心配しないで。まずは、よし」との言付けがありました」

拘置所の係官の言葉を、私はただただ呆然として聞いていた》

（手記「願望」より）

飲み込んではいけないもの

私は、死刑執行に「飲み込んではいけないもの」を飲み込んでしまったような感覚にとらわれた。その正体は何だろうか。

上川陽子法務大臣（当時）の七月六日の記者会見の様子を、繰り返し見ると、その正体が姿を現してくる。

「本日、七名の死刑を執行しました。裁判の確定順に名前を申し上げますと麻原彰晃こと松本智津夫、早川紀代秀、井上嘉浩……」

上川法務大臣が七人の名前を読み上げ、この日、オウム死刑囚十三人のうち七人の死刑を執行したことを告げた。質疑応答が始まった。

記者からの最初の質問は「なぜ今回の執行は、この人選になったのか」、そして「なぜこの時期に執行されたか」というものだった。

「人選につきましての質問に対しては、個々の死刑執行の判断にかかわる事項でございまして、お答えについては差し控えさせていただきたいとこういう風に思います。また、なぜこの時期にというご質問でした。この点につきましても、個々の死刑執行の判断にかかわる事項でございますので、これについてのお答えは差し控えさせていただきたいと存じます」

上川法務大臣は「回答を差し控える」という言葉を繰り返し、十三人のうち七人がどのような基準で選ばれたのか、なぜこの時期に執行されたのか明らかにすることはなかった。一時間近くに及ぶ記者会見の、三十分を過ぎたころだった。一人の女性記者が手をあげた。

「これまで、複数回、同じような理由で再審請求を行っている死刑囚については執行があったと思うが、こちらで把握している限り、井上死刑囚については一回目の請求中で、裁判所の判断がまだ出ていない段階だと思います。そのあたりの判断の理由を教えてください」

再審請求中だった嘉浩の死刑執行に疑問を呈する質問だった。

「今回、死刑が執行された者によります再審請求の有無につきましては、法務大臣である私からお答えをするということについては差し控えさせていただきたいという風に思います。一般論として申し上げるところでございますが、死刑執行に関しましては、個々の事案につきまして、関係記録を十分に精査し、刑の執行停止、再審事由の有無につきまして慎重に検討し、これらの事由等がないと認められた場合に初めて死刑執行命令を発することにしております。再審請求に関しましては、再審請求を行っているから執行しないという考えというのはとっていません」

「飲み込めないもの」の一つが「再審請求中の執行」である。嘉浩は目黒公証役場事件で事実誤認があるとして再審請求を申し立てていた。

再審請求は「確定した判決に疑義がある」ことを申し立てているわけで、その請求中に死刑が執行されたということは、疑義を無理やり封じ込めることであり、法治国家としてありえないことだ。

記者会見で上川法務大臣は、二〇一八年七月六日時点で百十七人の確定死刑囚がいて、そのうち九十二人が再審請求をしていることを明らかにした。およそ八割である。確かに「死刑執行を先延ばしするための再審請求」と指摘する声もある。同じような理由で何度も再審請求を行うケースもあるが、嘉浩の場合は、一回目の請求だった。また一審が無期判決だったが、二審はこれを破棄して死刑が言い渡された。オウム死刑囚の中で、一審と二審が異なった判決は嘉浩だけだった。

先にも書いたが、無期は死刑の次に重い刑罰であるが、その隔たりは大きい。国が国民の生命を絶つ究極の刑罰である。究極の刑罰であるだけに、裁判官の誤判は絶対に許されないし、弁護士の腕により無期か死刑か左右されることもあってはならない。そして嘉浩の場合は、新たな証拠が提出されたならともかく、証拠の判断が裁判官によって異なり、それが被告の生と死を決することになると、死刑囚の家族は納得できるはずはない。

「飲み込めないもの」の二つ目は、嘉浩と麻原が同じ日に執行されたことだ。嘉浩は高校二年のときにオウム真理教の前身であるオウム神仙の会に入信した。以来、心と体を支配された状態で、次々と事件は起こされた。最盛期には一万を超える信徒のトップに立ち、自分を信じていた者たちを犯罪者に仕立てていった男と、心も体も支配されたまま犯罪に手を染めてしまった男の罪は天と地ほどの隔たりがある。

「飲み込めないもの」の三つ目は時期と人選である。七月二十六日には六人の死刑も執行された。天皇陛下の退位に伴う改元を翌年（二〇一九年）の五月に控え、国が「平成という時代の総括」を強く意識した執行だったという印象がぬぐえない。さらにその翌年（二〇二〇年）には平和の祭典である「東京オリンピック・パラリンピック」が開催される予定だった。結果的には、新型コロナウイルス拡大防止のために、二〇二一年に延期されたのだが、やはり平和の祭典と死刑執行、それも大量の執行はそぐわない。日本は死刑存置国であるということを世界に知らしめることになる。国がオウム死刑囚十三人の死刑執行を二〇一八年七月と決めた背景に国際的な非難を避けたいという思惑が透けて見える。

死刑執行を判断した心境を問われた七月六日の記者会見で、上川法務大臣は、「鏡を磨いて、磨いて、磨いて、磨ききるという気持ちで判断させていただきました」というフレーズを二回繰り返し、一点の曇りもないことを強調した。

内閣府が二〇二〇年に発表した世論調査の結果によると、「死刑を容認」が八〇・八%、「廃止すべきだ」が九・〇%、「わからない」が一〇・二%だった。国民の八割が死刑存置を認めていて、二〇一八年七月の死刑大量執行後も、その数字に大きな変化はなかった。国は国民の世論を見極めて執行時期を選んだのだろうか。しかし、なぜこの時期に死刑が執行されたのか、七月六日の執行に嘉浩ら七人が選ばれた理由は何か、大臣の口から語られることはなかった。疑問が晴れることはなく、父の無念もまた消えることはない。

大阪拘置所の差し入れ所

死刑執行から二年が過ぎた二〇二〇（令和二）年七月六日。最高気温は三十度には届かなかったが、重い空気が襟元にまとわりついてくる。梅雨らしい空だった。その日、私は父が接見に通った道を歩いてみた。大阪環状線の桜ノ宮駅は高架駅だ。東口の階段を降り左へ折れる。高架駅のコンクリートの壁の向かい側には駐輪場や喫茶店、内科医院が並ぶ。やがて昼の時間帯だったが、シャッターを下ろしたままの店も目立つ。落書きのある壁沿いを進むと、大川べりにでる。川風を体に感じながら十五分ほど歩くと「差し入れ所」の看板が見えてくる。

「差し入れできます　布団、布団カバー、枕、枕カバー……」

手書きの張り紙がしてあるガラス扉を開けて店内に入ると、ペットボトルに入ったお茶や清涼飲料、チョコレートやポテトチップスなどの菓子類、文具、雑誌、衣料、郵便切手などが所狭しと並んでいた。「差し入れ所　丸の家（まるのや）」である。

「セット」というものもあった。

「基本セット」は「お菓子やジュースの詰め合わせ　千円から」、毎日差し入れしたい人のための「日替わりセット」は、「A　お菓子二〜三品／日　三五〇〇円から　B　パン・お菓子五品／日」とある。その他にも石鹸やハミガキ粉、歯ブラシ、チリ紙などを揃えた「入所セット」もあった。

差し入れ所は差し入れ店、差し入れ屋ともいって、拘置所や刑務所に収容されている受刑者などに差し入れる各種商品を販売している商店だ。全国各地の拘置所・刑務所の近くには、それぞれ差し入れ所が店を構えている。

差し入れのシステムだが、面会人はまず店で差し入れする商品を選び、専門の注文用紙に記入する。注文用紙に商品を受け取る人の氏名、依頼者の氏名と連絡先を記入すると、翌日以降に届けられる。面会人が持参するわけではない。

生もの以外はなんでもそろっているようにみえるが、自殺や自傷行為を防止する観点から、フード付きのパーカーやベルト、紐付きのスエットなどは差し入れできない。

「丸の家」は大阪拘置所が指定した「公認の差し入れ所」だ。なぜ指定業者の制度があるのかというと、差し入れの物品の中に、禁止されているものが隠されていないか拘置所で確認する必要があるため、信頼できる事業者が販売している物品に限って差し入れを認

めている からである。

差し入れしてもらった食品の中にナイフが隠されていたとか、枕の中にタバコが忍ばせてあったとか、そういうトラブルを防止する目的で業者を指定しているというわけだ。

「丸の家」の入口を見上げると軒先テントには「丸の家・放免屋」と書かれていた。

放免とは「拘留中の被疑者・被告人を釈放すること」、「刑期の終わった囚人を出獄させること」(広辞苑)とある。「放免屋」という絶妙な名前が気になり、店番をしていた女性に聞いてみた。

「この店の名前は「丸の家」なんです。昭和の頃かなー。この「丸の家」と「放免屋」と「双葉屋」という三つの差し入れ所が、ここで軒を連ねて商売をしていたんです。「放免屋」の名残が軒先の看板ですわ」

なるほど。納得した。

「「放免屋」はスポーツ紙とか新聞とか売っていたんですけど、今ではうち一軒だけになってしまったんです」

女性が教えてくれた。

私と前後して、自転車の後ろにまだ小学校にもあがっていないような女の子を乗せた女性が店に入っていった。私は現金払いでチョコレートを買って「丸の家」をでた。

再び大阪拘置所の前を流れる大川沿いを歩く。汗をぬぐいながら、父の二〇一八年七月六日に思いを致す。

父はテレビのニュース速報で息子の死を知った。その後、大阪拘置所から「刑が執行されました」という電話があった。「わかっています」と答えた。順序が違うと思ったのは私だけだろうか。せめてニュース速報が流れる前に、家族に知らせることは出来なかったのだろうか。拘置所の係官にとって、刑の執行を家族に伝えるのは辛い仕事であろうが、ニュース速報で刑の執行を知る家族はそれ以上に辛い。死刑囚の家族は、心の準備もない、最後の言葉を交わすこともできない。死刑囚の家族への配慮は感じられない。

死刑囚本人に刑の執行が告知されるのは、当日の朝、執行の一、二時間前である。昭和五十年ごろまでは事前に告知され、死刑囚は家族と面会ができたし、遺書を書くこともできた。しかし事前告知された死刑囚が自殺したケースがあり当日告知に変わったという。そもそも、死刑囚にいつ告知するか、家族にはいつ知らせるかなどの運用は法律で定められていない。

「即日告知・即日執行」という現在の運用では、死刑囚は弁護士に連絡する時間すらなく、不服申し立ての機会が与えられない。「法律が定める手続きによらなければ、刑罰を科されない」と定めた憲法に違反してはいないだろうか。

アメリカにはおよそ三十の州に死刑制度があるが、確定死刑囚と家族が一緒に宿泊できるところもあれば、刑の執行に死刑囚の家族や、被害者の遺族、報道関係者が立ち会うこともあるという。そもそも、日本の死刑制度は秘密主義であると国内外から指摘されている。しかし、それが日本という国が定めたルールなのである。

飲み込めないもの……。例えばピンポン玉ほどの大きさの鉄の球のような……。消化されるはずもなく、いくつもいくつも私の胃袋の底に沈殿している。

よっちゃんの遺影

「ここが祭壇でした。通夜以来初めて来ました。よっちゃんの遺体はここにありました。

で、ここに遺影を掲げて……」

嘉浩と交流のあった僧侶・鈴木君代に嘉浩の通夜葬儀が営まれた京都の岡崎別院を案内してもらった。鈴木はいまでも嘉浩のことを「よっちゃん」と呼ぶ。あの日、仏壇の脇によっちゃんが眠っていた。

「十六歳でオウム真理教に入信しているから、そのころまでの写真しかないので、十六歳の写真では……、となって。みんなで写真を選んでいたのですがなくて、お父さんが、「君代さんが描いてくれたこれがよっちゃんに一番近いのではないか」と言われて」。

葬儀では、鈴木がA４ほどの大きさの紙に描いた嘉浩の似顔絵が遺影として掲げられた。

鈴木は、授業の時にノートの端に先生や友達の似顔絵を描くような感覚で、拘置所に接見に行くと紙に嘉浩の似顔絵を描き、「どう？　似ているでしょ」などとアクリル板に押し当て、「よっちゃん」に見せていたという。

葬儀の導師を務めたのは平野だった。およそ二十人が参列し営まれた。

平野はその日の父の言葉を今も覚えている。

「息子が死刑になって、目の前に遺体があると。それが非常に悲しいということをまず申されまして、その悲しさを思うと、息子がオウムに入信して、たくさんの家族を辛い目に合わせたという悲しさを思うんだという話をされていて、お父さんは自分の辛さがそのまま被害者の辛さとすぐに連想されるというところが、お父さんの罪を償いたい、被害者に対して申し訳ないという気持ちの表れだと思いました」

死刑執行から三週間後、大阪拘置所から父の元へ十八個の段ボール箱が送られてきた。布団類、衣類、裁判記録の束、房の中で読みふけった雑誌や本、そして、家族や支援者から送られてきた手紙が梱包《こんぽう》されていた。

地下鉄サリン事件が起きた一九九五（平成七）年に始まり、約二十四年間書き続けた手記は四〇〇字詰め原稿用紙で千枚にもなる。父は息子のことを「罪人」と書いた。しかし「罪人」であろうが息子は息子、「我が息子」である。手記の根底にあるのは被害者遺族への贖罪、息子・嘉浩への贖罪、そして息子への深い慈愛である。

手記はこう締めくくられた。

《嘉浩は罪人であった。どのような理由があろうと人間として決してやってはいけないことに手を染めていった。この世に生まれ、何ひとつ法に触れることなしに真面目に生きていた人達、そしてその家族の方々を不幸のどん底に追いやっていった。ひとえに己可愛さの挙句だと蔑《さげす》まれても仕方がない。

嘉浩が為した罪は父親である私の罪でもある。このことは嘉浩が関わった悪事が世に明らかになってから、絶えず私の脳裏から離れることはなかった。

嘉浩がこの世で生を全うした期間はわずか四十八年間であった。しかしながらご遺族の方々からみれば、この四十八年間も決して許すことの出来ない年月であることも十二分に理解できる。父親である私は嘉浩が残した莫大な心の手記を目にしながら、嘉浩が歩んだ四十八年間を思い浮かべ、間もなく訪れる嘉浩との再会を待つ日々である》

（手記「願望」より）

終章

カルト被害のない社会を願う会

二〇一九（平成三十一）年一月。平野は石川県かほく市の浄専寺でパソコンに向かい新たな機関誌の編集作業に余念がなかった。

「「生きて罪を償う」井上嘉浩さんを死刑から守る会」は嘉浩の死刑が執行されたことで解散した。機関誌「悲」は十六号の追悼号（二〇一八年十二月発行）で役目を終えた。

「結果として、井上君を死刑から守ることはできませんでした。しかし井上君の存在によって、例えばカルトの恐ろしさも知ることができたし、死刑囚の苦悩というものを伝えることができました」

「生きて罪を償う会」は解散したが、代わって設立したのが「Ｃｏｍｐａｓｓｉｏｎ（コンパッション）井上嘉浩さんと共に、カルト被害のない社会を願う会」だ。「コンパッション」とは、「慈悲」、「哀れみ」と訳されるが「一緒に苦しむ」という意味もある。五月に新たな機関誌コンパッション通信が発行された。創刊号には次のように決意が書かれていた。

昨年七月、井上嘉浩さんをはじめ十三名のオウム元死刑囚に死刑が執行されました。しかし、オウム真理教事件で被害に遭われた多くの方々の苦しみや悲しみは今もなお続いています。そしてそれは、死刑囚のご遺族も同じです。

「人間にとって救いとは何か、罪を償うとはどういうことか、今もなお増え続けているカルト被害を少なくするためにはどうすればいいのか……」

拘置所の中で井上嘉浩さんが呻吟《しんぎん》しながら追究したそれらの課題は何の解決もなされずに今もなお、私たちに残されています。

会の活動方針として嘉浩の手紙や、カルト入信の防止や脱会に役立つ論文・記事を掲載し、機関誌を定期的に発行していくことを掲げた。

これまでは「償うとはなにか」を問い続けたが、これからはカルト問題に軸足を移し活動していく。

創刊号をめくると、巻頭言に続き、「スピリチュアル・アビュース＝霊性虐待、信仰虐待がカルトの本質」、「村上密牧師に伺う「身近な人をカルトに絡め取られないために」」、「井上嘉浩さんから平野喜之への手紙」などの目次が並ぶ。

「井上君の償いには、カルト教団による事件の再発防止の願いも含まれていました」と平野は話す。

子供をカルトに取られた親の苦痛を平野はこう話した。神奈川県の教会で出会ったある母親の話である。

「私たちは二重に傷つくのです。一つ目は「子供をカルトにとられたこと」、二つ目は「子供がカルトにとられたのはあなたたちのせいでしょうと世間から偏見の目で見られること」です。私の家庭は上手くいっていました。子供がカルトにとられたのは、勧誘が巧みだっただけでしょうと言いたい」

平野は言う。

「世間には、カルトにとられたのは家族のせいだ、やっぱり家族が悪いと誤解する人がいます。片や親自身が「子供の責任を取らなければいけない」と思い詰める人も少なからずいます。日本では特に「子供の罪は親の罪」として、責任を感じる姿が美化されすぎるきらいがあるのではないでしょうか。そのために親が苦しめられることがあります」

約三十年間仏教系の新興宗教に入信し、脱会した男性が機関誌「悲」十二号に、「カルトの見分け方」として以下の十五項目を挙げている。

①真理はその組織に占有されていて、その組織を通してのみ知ることができると主張する。
②組織を通して与えられた情報や考え方に対して疑ってはならない。
③自分の頭で考える事をしないように指導する。
④世界を組織と外部に二分する世界観を持つ。
⑤白黒を常にハッキリさせる傾向が強い。
⑥外部情報に対して強い警戒感を与え、信者の情報経路に様々な制限を加える。

⑦信者に対して偏った情報、偽りの情報を提供することがしばしばある。
⑧組織から離脱した人間からの情報に接することを禁じる。
⑨家庭や社会との関わりで多くのトラブルが生じている。
⑩社会からの迫害意識を持ち、それをかえってバネにする。
⑪外部に対して正体を隠す傾向がある。
⑫生活が細部にわたって規定されている。
⑬組織が信者の生活のすべてになっている。
⑭共同体内部でのみ通用する言葉を多く持っている。
⑮組織からの離脱について極度の恐怖心を与える。

カルト二世

金沢大学の掲示板にこんなチラシが貼られている。

宗教団体への勧誘についての注意

学生のみなさん
最近、本学のキャンパスで、宗教団体であることを隠しながら、自己啓発、勉強会、キャリア支援、国際交流、福祉活動、音楽活動（特にゴスペル）などと称して話しかけ、ミーティングや集会、合宿などに勧誘する事例が何件も発生しています。本学は、キャンパス内でのこうした宗教勧誘活動を禁じています。

そのうえで、アドレスや携帯電話の番号などの連絡先を安易に教えないよう呼びかけている。平野は母校である金沢大学の非常勤講師として数学を教えている。

「カルト教団の勧誘禁止を呼び掛けることは、とても大事だと思っています。しかし、あれを読んで学校に行くのが怖くなった学生もいるんです。カルト二世と呼ばれている人たちです」

「カルト二世」とは、親がカルト教団に属し、親が信奉する価値観のもとで育った子供たちのことである。教育や医療、貧困の問題、職業の選択など、一般的には許容される事柄が制約を受けることも多く、それが当たり前だと思って育てられる。しかし学校に通うようになると価値観も生活習慣も異なる同級生と関わることになり〝当たり前〟が否定される。そのため「カルト二世」は罪悪感や疎外感に苛まれ続けることになる。

「「学校に行けない」というのは揺れている人なんです。要するに親を信じていて、親は大事だけれども、この信仰はおかしいと。だけど、生まれたときから、その環境になじんでいるので、自分の〝生〟のよりどころと、カルトの教義が深いところで結びついてしまっている。頭だけではなくて、もっと深いところです。だから、自分のなじんできた世界が頭から拒否されていると思い込み、大学に来るなと言われているような感覚にとらわれてしまう。成人になってから自ら選んでカルトに入っていった人と、生まれた時からカルトに関係ある人とでは対応を変えないと大変なことになってしまう」

カルト後遺症

平野がもう一つ活動の重点に置いているのが「カルト後遺症」の問題だ。

一連のオウム事件がきっかけで誕生した日本脱カルト協会（ＪＳＣＰＲ）によると、カルト教団から脱会した人の多くが何らかの〝後遺症〟に苦しむという。代表的な症状としては、「神から裁かれるのではないか」という不安感、「自分は裏切り者であり、天罰が下るのではないか」という恐怖感などがあげられる。無理もない話で、身も心も奉じてきた団体の価値観を失い、それまでの理想やアイデンティティをすべて失うことになるからだ。音楽や映像、においなど些細《ささい》なことが引き金になり脱会前の心理状態に戻ってしまう、いわゆる「フラッシュバック」もほとんどの人が体験する。

また、せっかく家に戻っても家族や友人、知人との人間関係に悩み、睡眠障害や摂食不良に陥るという例もある。そもそもカルトの多くは、教祖を〝父〟や〝母〟としているので、現実の家族に対しては否定的な思いを抱くよう誘導していることが多い。

さて、嘉浩にカルト後遺症はあったのだろうか。フォトジャーナリストで『宗教事件の内側　精神を呪縛される人びと』や『カルト宗教事件の深層　「スピリチュアル・アビュース」の論理』などの著書がある藤田庄市は「独善的な修行者意識」という言葉で、嘉浩の後遺症を言い表した。

藤田が注目したのは、目黒公証役場事件で父親を失った仮谷実と嘉浩とのやり取りだった。嘉浩は「亡くなった人たちのことを考えて、できるだけ苦しみを自分に課していきたい」と謝罪したのに対し、仮谷は「被告が苦しんでも、私たちは助からない」と返し、「自らに苦しみを課しても遺族の救済にならない」と突き放した。

「独善的な」とは、修行を続けることにより、人間性も宗教的にも世間より高いところにいるという意識である。

「井上君は麻原教祖とは対決して、「オウムを脱会する」と宣言はしているのだけれども、考え方であるとか、独善的な修行者意識というものは残っていたのではないか。脱会したからといって、カルト思考、カルト的考え方は簡単にはなくならない」と藤田は指摘している。

「何か悪いことが起こると、霊の祟りではないかと、とっさに考えてしまう」と話すのは、日本脱カルト協会の理事で、日本基督教団白河教会牧師の竹迫之《たけさこいたる》だ。竹迫は一九六七（昭和四十二）年、秋田市生まれ。高校三年の時に当時の統一教会（現世界平和統一家庭連合）に勧誘され入会した。「霊感商法」が世間に知られるようになった一九八〇年代半ばのころである。

竹迫は一年八カ月で脱会したのだが、脱会時には兄弟姉妹のように親しかった仲間から

「裏切り者」と見なされ、暴行や脅迫を受けたという。その後、カルト問題に関わる中で牧師になることを選んだ。自らの壮絶な体験を基に、宗教二世の相談に乗る傍ら、講演活動や執筆活動を続けている。

「マインドコントロールが目指すものは、コントロールする人に対する依存なんです。私の場合は何をするにも指示をしてくれる人の指示を仰ぐというライフスタイルが身についていましたね。なんでも自分で好きに選んでいいよと言われると、かえって何を選んでいいのか分からず混乱する。この依存から離脱するということがマインドコントロールが解けるということなんです。しかし、マインドコントロールは解けても、後遺症は残るんです」。

「脱会して十年以上たったころのことですが……」と言って、竹迫はある体験を話してくれた。

「教会の階段を降りていたところ、三段ぐらい踏み外して落ちちゃった。その拍子に左足を三カ所も骨折してしまったんです。そのとき、とっさに霊の祟りではないかと発想が浮かんできた。典型的なカルト後遺症です」

悪いことが起こると、その説明を求めてしまう。竹迫は統一教会を脱会して三十七年になるが、いまだにそういう瞬間があるという。

「何か不運な目にあったときに、自分に悪いところがあったからではないかと、その原因を追求したくなるものですね。その祟りから逃れるために何かしなくてはいけないという強烈な衝動がわいてくる。私は、マインドコントロール自体は解けているのは間違いないとは思うのですが、けれども後遺症として残っている」

平野も嘉浩にカルト後遺症を感じていたという。

「井上君のご両親には申し訳ないが……」と前置きしたうえで、「二〇一八年だったと思うが、「生きて罪を償う会」の内部で、嘉浩の支援を見直そうという声が上がっていた」ことを明らかにした。

「生来の性格なのか、カルトの後遺症なのか見極めは難しいかもしれないけれども、「麻原は井上君に、こういう指示の仕方をしていたのだ」と感じられるような指示の仕方が井上君から我々「生きて罪を償う会」に対してありました」

「償うとはなにか」と問い続けようという「会」の方針と、機関誌「悲」についての嘉浩の〝注文〟がかみ合わないことがあったという。例えるなら、〝編集方針の違い〟ということだろうか。

「カルトの怖さは脱会後にも後遺症となって残る。教義から抜けても人間関係の持ち方とか、指示命令系統とかそういうところに残るのではないか」

独善的とも映る嘉浩の振る舞いについて、竹迫はカルト後遺症が影響していた可能性があると話す。

「誰もが権力を振るう立場に魅力を感じます。嘉浩君の場合は、教祖の、麻原の振る舞いを見ていたために、それが増幅されていったのではないでしょうか。自分もやってもいいんだという お墨付きをもらった状態です」

若くしてオウム真理教に入信したことの影響も大きいという。

「高校生のうちから入信したため、「人と人との関係はフラットであるべきだ」という考えに触れたことがなかったのではないでしょうか」

オウム以前、オウム以後

「オウム以前」と「オウム以後」という言葉がある。一九九五（平成七）年三月二十日の「地下鉄サリン事件以前」と、「地下鉄サリン事件以後」と言い換えてもいい。「以前」と

「以後」で変わったものは何か。拾い上げてみた。

先にも書いたが、日本脱カルト協会が発足した。オウム以前にもカルトメンバーの救出や脱会者のアフターケアなどを手がけている反カルト団体はいくつかあったが、オウム事件を機に、心理学者や精神科医、教育者、法律家、聖職者、さらにカルトの元メンバーが、ネットワークを形成し、日本脱カルト研究会がスタートした。その後、「日本脱カルト協会」として本格的に活動が始まった。

地下鉄の風景も変わった。「駅や車内で不審な物を見かけられたときは、触らず直ちに駅係員、乗務員にお知らせください」。盛んにアナウンスが流れるようになった。一時はゴミ箱も撤去された。「不審物を見ても触れない、嗅がない、動かさない」という不審物発見時の三原則を書いたポスターも貼られている。

メディアも意識改革の必要性に迫られた。一つは集団的過熱取材といわれるメディアスクラムだ。日本新聞協会と日本民間放送連盟は二〇〇一（平成十三）年に、メディアスクラムはマス・メディア界全体で自主的に取り組むべき問題であるという見解を示した。取材者が最低限順守することとして、以下の点をあげている。
①いやがる取材対象者を集団で執ように追いまわしたり、強引に取り囲む取材は避ける。

未成年者、特に幼児・児童の場合は特段の配慮を行う。
②死傷者を出した現場、通夜・葬儀などでは、遺族や関係者の感情に十分配慮する。
③直接の取材対象者だけではなく、近隣の住民の日常生活や感情に配慮する。
忘れてはいけないのが、社会的影響の大きいテレビや新聞、雑誌などメディアによるオウムの取り上げ方の変化である。「オウム以前」にも教団に否定的な意見はあるにはあったが、中には教団を擁護し、面白おかしく扱うことも少なくなかった。〝視聴率のとれるタレント〟扱いしたケースもあった。それが「オウム以後」はオウム・バッシング一色に転じた。熱しやすく冷めやすいマスコミの在り方が問われている。

オウム事件は今も続いている

オウム事件は今なお進行中だ。大切な人の命を奪われた遺族の悲しみは続いている。被害者の健康被害も解消されてはいない。そんな中、オウム後継三団体は活動をし続けていて、若者をターゲットにした勧誘活動も行っている。

オウム真理教は「Ａｌｅｐｈ（アレフ）」と「ひかりの輪」に分かれ活動を続けている。

さらに「アレフ」から女性元幹部らが「山田らの集団」に分派した。この三つがオウム後継三団体といわれる。「山田らの集団」は石川県金沢市を拠点に活動していて、「山田らの集団」という事務連絡的な名前は、公安調査庁が便宜上つけたもので、集団自体は「特別の団体名はない」と主張している。

公安調査庁は「アレフ」と「山田らの集団」は今も麻原の影響下にあると見ており、「ひかりの輪」も表面上関係を否定しつつも、麻原の教義に絶対的に帰依するよう説いていると見ている。国内の信徒数は、かつては一万千四百人を数えた。一連の事件後、千人まで減らしたが、その後はじわり勢力を拡大し続け、後継三団体の構成員は二〇二二（令和四）年においても約千六百五十人を数える。

公安調査庁は地下鉄サリン事件から二十五年になる二〇二〇年に「あのテロ事件から四半世紀～今も変わらないオウム真理教～」を作成し、YouTubeに公開している。動画では、「後継団体の体質はオウム時代と変わっていない」、「後継団体の一つ「アレフ」はその名を隠し、SNSやイベントをきっかけに若い世代を中心に勧誘を行い、新たな信徒を獲得している」などと警鐘を鳴らしている。

そして「オウム真理教。それは遠い昔の話ではありません。今も続く現在進行形の問題なのです」と結んでいる。

つきまとう「元死刑囚」の四文字

嘉浩のことが報じられるたびに、いたたまれない気持ちになる。その原因は「井上嘉浩」について回る「元死刑囚」という四文字だ。

新聞やテレビなど、いわゆる大手メディアは死刑が執行された死刑囚を「元死刑囚」と表記し続けている。

共同通信社が発行している辞書に「新聞用字用語集　記者ハンドブック」がある。常用漢字の一覧、送り仮名の付け方、数字の書き方や肩書の書き方など、記者が原稿を書く場合の「統一基準」を示した辞書だ。常用漢字とは、内閣の告示に基づき「法令、公用文書、新聞、雑誌、放送など、一般の社会生活において、現代の国語を書き表す場合の漢字使用の目安を示すもの」であるが、「記者ハンドブック」に「事件、事故報道の呼称」という一項がある。その中には「無罪確定、刑期満了後は敬称を付ける」と記載されている。例えば懲役十年の有罪が確定した人は「〇〇受刑者」だが、十年の刑期を終えれば、「〇〇さん」「○○氏」あるいは「○○元議員」などとなる。ところが死刑囚については「死刑執行後は「元死刑囚」とする」と記載されている。その基準は朝日新聞も読売新聞も変わらない。

その理由は何か。「○○受刑者」は刑を終えると「○○さん」と呼称が変わる。罪を償った人は、名誉を回復するのが相当と考えられているからである。ところが死刑が執行された人には、名誉を回復すべき当事者がすでに存在しないということが根底にあるように思える。死刑は「不可逆の刑」といわれるが、「元死刑囚」という呼称もまた不可逆で、改めようという動きは全く見えない。〝元死刑囚の父〟は永遠に〝元死刑囚の父〟である。マスコミの思考は停止したままである。

デジタル・タトゥーという言葉がある。一度、インターネット上で流れた書き込み、画像、個人情報などは、一度拡散してしまうと、完全に削除することは不可能であることを、入れ墨を完全に消すのは難しいことに例えた言葉である。その一方で「忘れられる権利」という新しい概念も生まれている。「削除権」「消去権」とも呼ばれ、様々な個人情報が残っている場合は、削除したり消滅させたりする権利である。

「レッテル貼り」という言葉が二〇一五年の「ユーキャン新語・流行語大賞」にノミ

ネートされた。「レッテル貼り」の罪は、ある人物などに対して一方的に、断定的に、偏見に基づき型にはめてしまうことだ。考えることをやめさせてしまう。

「元死刑囚」報道にふれるたびに、私は「レッテル貼り」と「デジタル・タトゥー」という言葉を思い浮かべる。

近代司法の精神によると、罪を償えば普通の人に戻るはずだが、「元死刑囚」という四文字は永遠に嘉浩に付きまとい、父にとって「元死刑囚の父」というレッテルが剥がされることはない。

この本を出版するにあたり、父に「実名にしませんか」と投げかけたことがある。被害者遺族への謝罪の言葉を伝えるには実名の方が伝わるのではないかと考えたからである。しかし父は頑なだった。

「亡くなられた方や、被害者の方々のことを考えると……」

「お気持ちは分かります。申し訳ありません」

事件から四半世紀を耐え続けてきた父は、実名を出してモノを言うことは許されないと考えている。それを強いているのは「日本社会」であり、「日本の世間」である。

嘉浩の父の「オウム以後」に思いを致す。一家は嘉浩が育った土地からの引っ越しを余儀なくされた。被害者遺族への思い、国家権力への思い、マス・メディアへの思い、息子・嘉浩への思い。父は叫びたくなる思いを飲み込んで、「願望」という手記を書き続けた。

被害者にとって、オウム事件は終わらない。加害者家族にとってもオウム事件は終わっていない。

【追記】「凶弾」と「教団」の狭間　《コンパッション通信　第三号より》

安倍晋三元首相が凶弾に倒れた。二〇二二年七月八日、奈良県で遊説中のことだった。一連の安保法制に反対する勢力か、歴史観を異にする極左勢力の凶行かという考えが、まず頭をよぎった。しかし、ほどなく意外な動機が明らかになっていく。現行犯逮捕された山上徹也容疑者、四十一歳（逮捕当時）。政治的な主張に基づくテロではなく特定の教団に恨みがあったという。特定の教団とは旧統一教会（世界平和統一家庭連合）である。

「きょうだん」

パソコンの変換キーを押すと「凶弾」と「教団」が行ったり来たりする。

話は約三十年前にさかのぼる。山上容疑者の母は旧統一教会に入信し、一億円を超える献金をしていた。朝日新聞に山上容疑者の伯父の証言が掲載されている。

「『入信とほぼ同時に二千万の献金。そして三千万、三年後ぐらいに一千万』。伯父は取材に、山上容疑者の母親が「世界平和統一家庭連合（旧統一教会）」に入り、献金として注ぎ込んだ大金が（容疑者の）父親の生命保険を元にしたものだった、と明かした」（二〇二二年八月九日付　朝日新聞）。

家庭は崩壊し、その日の食べ物にも困る状態となった。

「母は教団の活動で韓国に行くなどよく家を空けるようになりました。私が徹也や兄妹の学費や生活費を工面し、お小遣いもあげていました。桃の缶詰とか、食べ物を届けに行ったこともあります」（二〇二二年八月九日付　朝日新聞）

宗教二世の苦悩が浮かび上がる。親が特定の宗教を信奉し、その教義に従う親から、常識とはかけ離れた価値観、教団への忠誠心を強要される。多額の献金が家計の破綻を招くことも多い。また輸血の拒否、教育現場では剣道や柔道など武道の授業の拒否、またクリスマス行事への参加を禁じられクラスで孤立するケースもある。価値観の違いから友人とはなじめず、普通の社会生活ができない。ネグレクト（育児放棄）の問題も深刻である。それが宗教二世問題である。

それにしても、山上容疑者はなぜ安倍元首相に狙いを定めたのだろうか。教団への恨みと元首相を標的にしたことに乖離がある。その謎を解くカギの一つが、容疑者が旧統一教会を批判するブログを運営する松江市のフリーライターに宛てた手紙にある。犯行直前に書かれた。

「苦々しく思っていましたが、安倍は本来の敵ではないのです。あくまでも現実世界で最も影響力のある統一教会のシンパの一人に過ぎません」（山上容疑者の手紙より）

安倍晋三という政治家は、保守層にとってはある種の光彩を放つ希望の星だった。しかし光には影が付きまとう。光が強ければ強いほど影は暗くて深い。

例えば森友問題、加計学園問題、あるいは「桜を見る会」の問題。安倍シンパを優遇する〝アベ友政治〟と、官僚たちの忖度。そして相次ぐ疑惑に「説明しなくてもいい」という姿勢を貫いた。「桜を見る会」の国会質疑に至っては、一一八回も虚偽答弁をしていたことが、安倍政権退陣後に衆議院調査局の調査で明らかになった。

「説明しなくてもいい」というのは「いくら疑惑を追及されようが、政局を乗り切れる」、「政権が揺らぐことはない」という強さの裏返しでもある。しかし強さは、分断と格差拡大を招いた。

山上容疑者は母を奪われ、家庭は崩壊し、進学の夢を絶たれた。孤独にさいなまれ、将来に絶望し、暗くて深い淵に落ちこんでいく。そんな容疑者像が浮かび上がる。

二〇二一年九月、安倍元首相が旧統一教会の友好団体「天宙平和連合」（UPF）が開いたイベントにビデオメッセージを寄せたことが犯行の直接の動機になったともみられているが、山上容疑者は事件前にツイッターで、旧統一教会への恨み、社会への不満から集団的自衛権や憲法改正など政治問題に関することまで、多岐にわたる投稿を繰り返していた。安倍元首相の言動に強い関心を寄せていたことがうかがえる。「安倍は本来の敵ではない」と言いながら、かなり前から殺意を抱き周到に準備していた可能性もある。旧統一教会に打撃を加えようとしたときに、どこを標的にしたら最も効果的かを判断していたと思われる。

オウム教団による地下鉄サリン事件が起きたのは一九九五年だ。あれから二十七年が経ち、そのうち安倍元首相は通算八年八カ月にわたり政権トップに座り続けた。その間、カルト教団に対し、政治は何をしてきたのだろうか。宗教二世の問題に目を向けようとしていたのだろうか。反社会的な教団を取り締まることに手心が加えられたことはなかったのだろうか。旧統一教会の名称変更が、正体を紛らわすことにならなかったのか。教団票が国会議員の当落を左右していたのではないか。その教団票を采配していたのは安倍元首相ではないのか。政教分離の原則が骨抜きにされていないか。

忖度で日本が動いているとしたら、宗教二世に救われる道はない。

改めて「凶弾」と「教団」の狭間に思いを致す。放たれた銃弾は、教団と政権の関係を撃ち砕くためか。それとも宗教二世の叫びか。いずれにしろ山上容疑者の動機には、いまだ謎が多い。

岸田政権は説明責任を果たすことなく国葬へと突き進んだ。我々の責務は、ありのままを明らかにし、それでも人の命を奪うことは決して許されないと社会全体で確認することである。

（「容疑者」呼称は原稿執筆時の二〇二二年十一月現在のもの）

両親の限りなく深い愛情

真宗大谷派僧侶　平野喜之

「こんなことになるとは思っていなかった　お父さん、お母さん、ありがとう」

この言葉は刑務官が聞いた井上嘉浩くん最後の言葉である。短かった彼の生涯はこの言葉で言い尽くすことができるように思う。

「こんなことになるとは思っていなかった」という言葉が、執行のタイミングに向けられた言葉なのか、それとも弱者切り捨て社会を改革したいと思って出家した結果、その願いとは真逆の結果、多くの人を苦しめる結果になってしまったことに向けられた言葉なのか、今となっては確かめる術がない。もしこの言葉が執行のタイミングに向けられた言葉だとしたら、手記の著者である彼の父親と私もまったく同感である。正直に言うと、我われには国に裏切られた感しかない。著者の高橋徹さんはそれを「飲み込んではいけないもの」を飲み込んでしまったような感覚と表現された。執行それ自体は仮谷実さんの言われるように「国のルールに基づいて」いたとしても、そのタイミングは明らかにルール違反だと言わざるを得ない。その詳細はこの本に記されている。もともとこの国はいい加減な国でルールを守ることを期待するほうがおかしいと思っておられる方なら、「今更何を」と呆れられるかもしれない。しかし我われは、いくらいい加減でもそこまで酷くはないだろうとどこかで国を信じていた。それだけに裏切られた感が非常に強い。「こんなことになるとは思っていなかった」のである。父親のそうした思いは、第7章の「最後の接見」に集約されているように私には思える。

嘉浩くんは自分のなした行為で苦しめてしまった人たちに対する罪、国家の法を破った罪を「生きて」償おうとしたが、結果的には死刑制度の考え方である「命を差し出して」償うことになってしまった。ではこの国の政治家たちはルールを破った罪をどのようにして償おうというのか。そもそも政治家たちにはルール違反という認識さえないだろう。そしてまた多くの国民もこのことを知らないだろうし、知ったとしても忘却していくに違いない。しかし、決してなかったことにはできない。いや、なかったことにしてはいけないのだ。そういう意味で、このことを記したこの本は非常に貴重である。

「お父さん、お母さん、ありがとう」。手記を書いた父親は、嘉浩くんが犯した罪は自分の犯した罪であるし、嘉浩くんの裁判は自分を裁く裁判であると言っている。しかし、嘉浩くんからもらった手紙や彼との面会で「両親のせいで私は罪を犯した」という言葉を一度も聞いたことがないし、それどころか最高裁で死刑が確定したときに来た手紙の中では、自分がこんなことになってしまって両親に本当に申し訳ないと言っている。私はそういう言葉を彼からどれほどたくさん聞いたかわからない。彼は本当に両親思いの優しい人であった。そしてまた、両親も限りない深い愛情で彼を支え続けた。この手記の内容は悲劇以外の何ものでもないが、命が終わるまで家族愛に支えられたというその一点についてだけは、彼はとても幸福だったと言い切ることができる。

この本には、日本社会において決して声を上げることの許されなかった加害者家族の辛く苦しい心情を世に知らせるという大事な使命がある。この本によって、どれほど多くの加害者家族が救われた気持ちになるだろうか、と思う。手記の公開を許して下さった彼の父親と著者である高橋徹さんの勇気に敬意を表する。そして最後に、彼が関わったオウム事件に巻き込まれたすべての被害者の方々に、嘉浩くんとその父親と共に、オウム教団が拡大していた当時、若者が抱えていた悩みに向き合ってこなかった宗教者の一人として心から謝罪したい。

あとがき

思えば、国策とは何かを問い続けた記者人生だった。国家権力とは何かと言い換えてもいいのかもしれない。入社してほどなく取材したのが原子力発電所の問題だった。能登半島最北端の街、石川県珠洲市は、一九七五（昭和五十）年に過疎対策として、原発の誘致を決め、それに応じて関西電力、中部電力、北陸電力の三社が名乗りを上げた。しかし賛否を巡って推進派と反対派の住民は対立し、その〝摩擦熱〟が頂点に達したのが一九九三（平成五）年の市長選挙だった。推進派の現職と反対派の新人が激しく競り合い、結局は推進派候補が僅差で勝利したのだが、開票の結果、投票総数が投票者数を十六票上回るという前代未聞の出来事が起きた。つまり投票した人の数より、投票箱から出てきた票が十六票多かったのだ。投票用紙が偽造された疑惑をスクープし、「謎の16票の行方～過疎と選挙と原発と～」というドキュメンタリー番組を制作した。結局、電力会社は珠洲からの撤退を表明し、計画は白紙に返ったわけだが、番組が浮き彫りにしたのは国策に翻弄される過疎地の苦悩だった。
日本陸軍の秘密機関、七三一部隊の取材も重ねた。七三一部隊は旧満州国で、中国人やロシア人などマルタと呼ばれた捕虜を相手に人体実験を行い、生物兵器の開発を進めたことで知られる。国策遂行という大義のもとに、優秀な医学者たちは人体実験に手を染め、生殺与奪の権利を天から与えられたかのごとく振る舞った。優越感に浸り、たがが外れ、人の命をぞんざいに扱うエリートたちの姿は、オウム教団が為した数々の所業に重なる。

オウム事件の一つの帰結が十三人の死刑執行だった。天皇の代替わりや東京オリンピック・パラリンピックの開催時期、国際世論を見極めての死刑執行だったのではないか。あくまで想像であるのだが……。世界的には、特に先進諸国では、死刑廃止が圧倒的な趨勢となる一方、死刑存置国である日本で「平和の祭典」が開催されることに国際世論は厳しい。死刑は法のもとに、人の命を奪う究極の刑で、国家が強制的に人の命を絶つ絶対不可逆の厳罰である。その一方で、確定死刑囚はどんな一日を送っているのか、人間らしさはどれほど約束されているのか、確定死刑囚の家族に日々去来する思いは何か、知る術はほとんどない。また国は死刑執行の判断基準を一切明らかにしていない。そのとき刑場でどんな光景が繰り広げられたか見えてこない。〝密室に封じ込められた死刑制度〟が、死刑をめぐる議論に蓋をしているように思えてならない。

さて、記者としてなぜ国策にこだわり続けるのか。その答えはフクシマしかり、米軍基地の辺野古移設しかり、感染症対策しかり、問うべき国策はまだまだたくさんあるからである。

今回の執筆にあたっては、多くの方に協力をいただいた。平野喜之住職には何度も何度も浄専寺にお邪魔し、お茶とお菓子をいただき、話をうかがい、考えがまとまらない時には方向性を指し示していただいた。真宗大谷派の鈴木君代さんには、貴重な逸話と資料の提供をお願いした。加害者家族を支援している阿部恭子さんには、これまでなかなか視線が行かなかった加害者家族の心情について示唆に富む話をうかがうことができた。また北陸朝日放送の黒崎正己報道制作局長には、手記「願望」を記録として残すことに理解をいただき出版の後押しをしてもらった。現代書館の編集者、須藤岳さんにも、折れそうになる体を後ろから支えてもらった。心から感謝を申し上げたい。なお文中では敬称を省略させていただいた。
井上嘉浩の父の思いは無念とか、後悔とか、そんな生易しいものではない。私は、その何分の一ほどを伝えることができたのだろうか。手記の公開を決めた英断に敬意を表したい。

二〇二三年　高橋 徹

参考文献

降幡賢一『オウム法廷　グルのしもべたち　上・下』（朝日文庫　一九九八年）
降幡賢一『オウム法廷⑤ウソつきは誰か？』（朝日文庫　二〇〇〇年）
降幡賢一『オウム法廷⑨諜報省長官　井上嘉浩』（朝日文庫　二〇〇二年）
毎日新聞社会部編『オウム「教祖」法廷全記録1　恩讐の師弟対決』（現代書館　一九九七年）
高橋英利『オウムからの帰還』（草思社　一九九六年）
森達也・深山織枝・早坂武禮『A4または麻原・オウムへの新たな視点』（現代書館　二〇一七年）
門田隆将『オウム死刑囚　魂の遍歴　井上嘉浩すべての罪はわが身にあり』（PHP研究所　二〇一八年）
一橋文哉『オウム真理教事件とは何だったのか？　麻原彰晃の正体と封印された闇社会』（PHP新書　二〇一八年）
阿部恭子『加害者家族支援の理論と実践　家族の回復と加害者の更生に向けて』（現代人文社　二〇一五年）
阿部恭子『家族という呪い　加害者と暮らし続けるということ』（幻冬舎新書　二〇一九年）
江川紹子『「カルト」はすぐ隣に　オウムに引き寄せられた若者たち』（岩波ジュニア新書　二〇一九年）
塚田穂高『宗教と政治の転轍点　保守合同と政教一致の宗教社会学』（花伝社　二〇一五年）
日本脱カルト協会編『カルトからの脱会と回復のための手引き〈必ず光が見えてくる〉本人・家族・相談者が対話を続けるために』（遠見書房　二〇一四年）
藤田庄市『カルト宗教事件の深層　「スピリチュアル・アビュース」の論理』（春秋社　二〇一七年）
藤田庄市『宗教事件の内側　精神を呪縛される人びと』（岩波書店　二〇〇八年）

読売新聞社会部『死刑』（中央公論新社　二〇〇九年）
坂本敏夫『死刑執行命令　死刑はいかに執行されるのか』（日本文芸社　二〇一〇年）
青木理『絞首刑』（講談社文庫　二〇一二年）
読売新聞水戸支局取材班『死刑のための殺人　土浦連続通り魔事件・死刑囚の記録』（新潮社　二〇一四年）
河出書房新社編集部編『オウムと死刑』（河出書房新社　二〇一八年）
年報・死刑廃止編集委員会編『オウム大虐殺　13人執行の残したもの』（インパクト出版会　二〇一九年）
犯罪被害者支援弁護士フォーラム『死刑賛成弁護士』（文春新書　二〇二〇年）
佐藤大介『ルポ死刑　法務省がひた隠す極刑のリアル』（幻冬舎新書　二〇二一年）

■著者紹介

高橋 徹（たかはし・とおる）

一九五八（昭和三十三）年、石川県金沢市生まれ。北陸朝日放送に入社、報道部長、東京支社長、報道担当局長、技術局長を務める。記者として原発問題や政治・選挙、旧陸軍の秘密部隊「七三一部隊」をめぐる問題、オウム真理教事件などを取材してきた。

「オウム死刑囚《しけいしゅう》 父《ちち》の手記《しゅき》」と国家権力《こっかけんりょく》

二〇二三年七月六日 第一版第一刷発行

著 者 高橋 徹

発行者 菊地泰博

発行所 株式会社 現代書館

東京都千代田区飯田橋三－二－五

郵便番号 102-0072

電 話 03（3221）1321

F A X 03（3262）5906

振 替 00120-3-83725

組 版 具羅夢

印刷所 平河工業社（本文）

東光印刷所（カバー・表紙・帯・別丁扉）

製本所 鶴亀製本

装 幀 大森裕二

日本音楽著作権協会（出）許諾第2304273-301号

校正協力・高梨恵一

ISBN978-4-7684-5944-7

定価はカバーに表示してあります。乱丁・落丁本はおとりかえいたします。

http://www.gendaishokan.co.jp/

現代書館

A4または麻原・オウムへの新たな視点

森達也・深山織枝・早坂武禮 著
1700円＋税

森達也氏が、元オウム真理教の信者で麻原彰晃に帰依していた夫婦との対話を通して、新角度から麻原の深層心理を見つめ、動機に迫る。マンチェスター大学日本学シニア教授で、「メディアと新宗教の相互作用」を研究しているエリカ・バッフェリ教授による解説付。

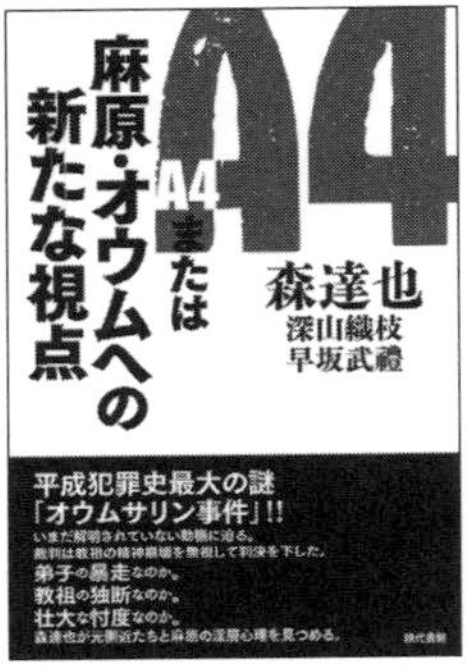

A2

森達也・安岡卓治 著　　1700円＋税

オウム真理教の内部を撮ったドキュメンタリー「A」に続く「A２」の撮影日誌。前作は広報部の荒木浩を中心軸に据えた作品であったが、今回は足立、藤岡、横浜での地域住民によるオウムバッシングの撮影を通して、オウムと市民たちの重層的な関係を映し出す。

「A」撮影日誌
オウム施設で過ごした13カ月

森達也 著　　2000円＋税

ベルリン国際映画祭、山形国際ドキュメンタリー映画祭等で大きな反響を呼んだドキュメンタリー映画「A」。それまでのオウム真理教を外部から撮影して報じるマスコミ報道と比して、唯一オウムの内側からの視点が記録されている本作は、新鮮な驚きの連続である。

現代書館

池上彰・森達也の これだけは知っておきたい マスコミの大問題

池上彰・森達也 著　　1400円＋税

「中立な解説者」のイメージが強い池上氏が、これまでテレビでは封印していた自論とホンネ、体験談を惜しみなく展開。次々と繰り出される森氏の鋭い問いに答えながら、マスコミが誤報を流した際の対応、政府から圧力を受けた際の対応等についても存分に語り合う。

森達也 青木理の反メディア論

森達也・青木理 著　　1700円＋税

映像作家とノンフィクションライターによる対談。両者の現代社会の捉え方は似ているように見えて、入り口と論理展開は全く異なる。オウム事件・死刑問題・公安警察・沖縄問題・安保法制などを通して、メディアにどう関わり、メディアをどう使い切るかを議論。

千代田区一番一号のラビリンス

森達也 著　　2200円＋税

皇室を巡るタブーに一石を投じ、戦後日本の表現における臨界に挑む「問題小説」。主人公のドキュメンタリストは、天皇の生の言葉を引き出したいという熱情に突き動かされ、象徴天皇制の本質に迫る番組企画を立ち上げた。そして遂に企画実現の突破口を探り出す。